# 神さまを味方につける！
## 味方につける！
## すごい
## お掃除

監修
**きさいち登志子**
生活コーディネーター
**久保田裕道**
民俗学者

JN094848

永岡書店

2

3

片づけた
そばから
さー

えーっ
掃除
ですか？

子どもが
いると
ちらかるのよー

でもただ
掃除する
だけじゃ
だめなんです

パパ
パパ

サ

自分を育てて
見守ってくれた家と
家の神さまに感謝
しながら掃除する
ことがポイントです

か、
かみ
さま!?

ピカ

ピカ

毎日
掃除は欠かしていません

4

5

6

8

# はじめに

「やおよろずの神々」という言葉を聞いたことはありませんか。「八百万」と書きます。八百万とは「たくさん」という意味で、日本ではあらゆるものに神がやどっていると考えられていたことから生まれた言葉です。

日本の神さま方は、水、火、風、土、木などすべての自然を司り、森の神、川の神、山の神、海の神などとして私たちの暮らしに根づいてきました。私たちに

自然の恵みを与え見守り、私たちはそれに感謝することで共存しているのです。

また、あらゆるものにやどる神さまは、自然だけでなく、私たちの暮らしの基本となる家そのものにも存在します。家を守り、ときには、その家に住む人に幸せのご利益（りやく）を授けてくれるのです。

ただし、神々のご利益を期待するのであれば、日々の暮らしの中で、感謝の気持ちを表すことが大切です。

その行動のひとつが掃除です。掃除は「お清め」ともいい、神さまの居場所を清浄にするという意味があります。神さまは、私たちが掃除で感謝を表すことで、より豊かなものを授けてくれるのです。

一方、神さまの中には、災厄をもたらす神もいます。

たとえば、台所は水を使うため、かつては、家の中でもいちばんものが腐りやすい場所とされました。ものが腐ると不衛生となり病気になります。病人の出た家は、疫病神がとりついたと忌み嫌われました。それを避けるため、台所は毎日掃除して清浄を保つことが大切でした。

災厄から逃れるために掃除をすることも、古くから行われてきたことです。

家にやってくる神さまは、その住人を幸せにも不幸にもするのです。

本書は、災厄をもたらす神を避け、幸福を運んでくれる神さまを呼ぶための「神さまお掃除」を紹介するものです。そして、よい神さまを呼び込むだけでなく、ずっと家にやどってもらうためのお掃除術です。掃除は苦手と感じる人でも、身近な道具やもので、手軽に実践できる掃除方法を集めました。

家をきれいな状態に保つことは、幸せをもたらすこと。この本を読み、神さまお掃除を実践することで、家にやどる神さまの力が発揮されます。

本書には、あなたの人生をハッピーにするための方法が詰まっているのです。

本書では、神さまを迎え・祀るためのお掃除のしかたを紹介しています。まずは、第1章で神さまとお掃除の関係について知りましょう。第2章では、家にやどる神さまの紹介と掃除方法について、第3章では、家の中をより神聖にするためのポイントを紹介しています。

## 神さまプロフィールをチェックしよう！

58〜67ページで家にやどる神さまを
イラストつきで紹介しています。
神さまの性格やご利益などを知ることができます。

神さまの姿　　神さまの特徴　　神さまの名前

Kamisama 01

福を授ける神

大年神（おおとしがみ）

年明けの1月1日に来訪します。門には松を飾り、神棚にはおもちを供えておもてなししましょう。

おうちの神さま10

お掃除することで家を守ってくれる10の神さまを紹介します。

58

【誕生】　『古事記』では、須佐之男命と神大市比売との間に生まれたのが大年神です。

【性格】　まっ白な鏡もちなど、きれいなものや丸いものが大好き。家族みんなを見守るおおらかな神さま。

【ご利益】　穀物神のため、五穀豊穣、無病息災、家内安全など。年末に大掃除をして新年に年神さまをお迎えすると、1年間、家や家族を災いから守ってくれます。お正月に用意する祝いばしは、神さまの力にあやかろうと、神さまと一緒におせち料理を食べるためのものです。

ご利益について　　　　　　　　　　　誕生について

性格について

14

# お掃除をしてみよう!

お掃除の方法は、エリア別にわけて解説しています。

**お掃除イラスト**
イラストを多用して
わかりやすく、楽し
くお掃除ができるよ
うになっています。

**お掃除エリア**
玄関、トイレ、洋室、和室、キッ
チン、浴室、洗面・脱衣所、収
納場所、ベランダ・庭の9つ
のエリアにわけています。

**お掃除解説**
お掃除の方法をQ&A形式で
解説しています。なぜお掃除が
必要なのかスピリチュアルな
面からのアドバイスもあります。

**お掃除のポイント**
エリアごとで押さえ
ておきたいお掃除
のポイントを説明し
ています。

**神さまマップ**
そのエリアを
守ってくれる
神さまを紹介
しています。

# もくじ

神さまパワーがみるみる高まる！

# 部屋別神さまお掃除術

## 登場人物紹介
# すぎうら家の人たち

### ゆう

イラストレーター兼すぎうら家の主婦。明るくおおらかな性格は、ズボラと紙一重。何かと理由をつけて家の掃除をさぼるのが特技。テレビで掃除好きのお金持ちを見て以来、よこしまな気持ちから掃除に興味をもつ。

### のぶちー

すぎうら家の大黒柱。普通のサラリーマン。妻の影響で汚部屋でも過ごせる免疫がついてしまったが、基本はきれい好き。なぜかトイレ掃除ばかりする妻に対して、冷静に尻をたたく。

### げんき

のぶちーに激似のすぎうら家ベビー。生まれたときからほこりにまみれた生活をしているため、1歳ながら何ごとにも動じない強さをもつ。

第1章

おうちの
神さまって何？
神さまのいない
家が急増中！？

24

25

26

# 神さま不在の家が急増中！

## ● 最近ツイてないあなた！　部屋はきれいですか？

新しい部屋や家には、清々しい空気が流れています。青い畳、ピカピカのガラス窓。いるだけで、体も心もクリアになるよう。

それはその家に神さまがきているからなのです。

日本には、八百万の神さまがいると信じられてきました。山や川、木や風など万物に神さまがやどるのです。自然の中だけではありません。家の場合も、キッチンや浴室では水や火を使います。そこには水の神や火の神がいます。家中の換気は風の神さまが手助けしてくれます。私たちが安全で健康に過ごせるのは、神さま

28

が家にやどり見守ってくれているから。実は神さまは、家に新しい住人がやってくると必ず訪れ、家そのものや住人を守護してくれるのです。

しかし、最近では、その神さまがいなくなってしまうということが起きているようです。「最近、何だかツイていない」「どうも、思い通りにいかない」。そう感じるときは要注意。もしかすると、神さまが家から出ていってしまったのかもしれません。掃除を怠り、家を粗末にすることは神さまを粗末に扱うことにつながるのです。

風通しが悪かったり、ジメジメやカビ、ヌルヌル、ほこりの山があったりしませんか。少しでも不調を感じることがあれば、ぜひ、家の中をチェックしてみてください。

## ☁️リビング

みんなが集まるリビングは、神さまが家族を見守る
絶好の場。ものがあふれ風通しが悪いと、空気がよどみ、
ほこりやゴミなどの「けがれ」がたまります。

窓がふさがって
空気の入れ替えが
できない！

ソファの上に
衣類がたまって
座れない！

雑誌や新聞が
読んだままの状態！

使ったカップや食器が
置きっぱなし！

ゴミ箱がゴミで
あふれている！

## 玄関

神さまは玄関から訪れます。ここが汚いと家に入る前に
神さまが逃げてしまいます。お客さま目線でのチェックが大切。

靴箱の周辺が
物置に!

かさ立てに
不要なかさが
いっぱい!

靴箱が
くさい!

たたきに靴が
散乱している!

靴の土汚れが
そのまま!

## トイレ

汚いものを浄化してくれるトイレは、ほこりなども
たまりやすい場所です。便器の汚れやにおいはもってのほか。

トイレット
ペーパーが
袋に入ったまま!

手拭きを
取り替えて
いない!

洗剤が
液だれしている!

床にほこりが
たまったまま!

便器内に黒カビや
赤カビ!

# キッチン

本来、食品を扱うキッチンはいちばん清浄でなければ
いけないエリアです。汚れがたまりやすい場所でもあるので、
一度、リセット掃除をして神さまを呼び戻しましょう。

食器棚の中が
ぐちゃぐちゃ!

洗わずに
放置した食器!

排水口が
ヘドロ状態!

床にゴミやほこりが
落ちている!

ガス(IH)台が
油でベトベト!

食器を洗ったまま
しまわない!

生ゴミの
においがする!

どうして？

# 神さまがいないとツキがなくなる理由

## ● 神さまは「けがれ」を避けるきれい好き

私たちは、日々たくさんの神さまに守られていますが、こうした神さま方は、きれいな場所が大好きです。もともと日本という国は、「お清め」という掃除の歴史から始まりました。

まだ年号もできていなかったはるか大昔。「伊邪那岐命」という神さまが、死者の住む黄泉の国から帰ってきたとき、「穢き國に到りてありけり」（汚い国に行ってしまった）となげくシーンが『古事記』にあります。そうして、死者のけがれがついた杖や冠を投げうつと、そこから12の新しい神さまが生まれました。

33

装飾や着物を振り落とした伊邪那岐命は、さらに九州の海で体を洗いました。けがれた体からは二人の災いの神（名前に「禍」の文字がある）や、それを直す「直毘神」などが生まれました。体を清めるたびに次々と新しい神々が生まれ、最後に左目を洗うと「天照大神」という太陽の女神、右目を洗うと「月読命」という月の神さま、鼻を洗うと「須佐之男命」という暴れん坊の神さまというように、みそぎのパワーで重要な3神が誕生したのです。

体を清めると、神さまが出現する。このパワーへの信心は今も続いています。神事の配役が決まると一年間毎日早朝、海にみそぎに行かなければならないとする神社があります。雪の降る真っ暗な日本海でこの風習を続けている島根県の美保神社では、そうやって祭りの日に神さまがのりうつるのだそうです。これがみそぎパワーです。

## ● 汚れた場所には
## 災厄の神さまがやってくる

人が家に入るときは、外の塵も一緒に連れてきます。塵は家の中に入るとタンスやテレビ、床の上へ自然に落ちます。それが人の髪や皮脂とからんで綿ぼこりになり、水などによって付着し、目に見える汚れとなっていくのです。

こうした汚れのあるところに、けがれを嫌う神さまはやってきません。みそぎやお清めが必要なの

は、人の体だけではないのです。けがれ、よどみのある場所には、守護神の代わりに災厄の神さま（P52参照）がやってきます。この神さまは、住人のやる気をなくさせ貧乏にしたり、病気にさせたりします。そうしてはかりしれない災厄をもたらすことになるのです。

この家
住み心地
サイコー♪

しばらく
居よう

一挙
大公開！

# 昔から家を支え続けている神さまたち

おうちの神さまは、古い時代から私たちを見守ってくれています。どんな神さまがいるのか、古来から伝わるおうちの神さまの物語をひもといてみましょう。

## ● 家の土地を司る産土神と土公神

たとえ家を土地つきで買ったとしても、その土地はあなたのものではありません。土をお作りになった神さまからお借りしているのです。そこで、家やマンションを建てたり改築したりするときは、土を掘り起こしていいか、産土神におうかがいする地鎮祭が行われます。古くは持統天皇の時代（691年）から行われてい

ました。

産土神のほか、土公神（どこうじん）も家の土を司ります。春は台所の床（昔の台所の床は土間といい、土でできていました）、夏は門、秋は井戸、冬は庭にいます。秋に井戸を工事したりすると、井戸にいる土公さまの怒りを買い、たたりがあるとされてきました。季節ごとに動かしてはいけない場所、動かしていい場所があります。

土公さまは、土にはびこる雑草や虫などを取り除き、きれいにすると喜んでくださいます。ただし、土用の期間中（立夏・立秋・立冬・立春直前の18日間）に土いじりを始めるのはタブーとされているので、注意が必要です。

### ● 火を司るかまど神

ガスや電気のなかった頃、日本の家には土や石で固めたかまど

38

がありました。かまどにごはん釜や鍋をかけて、薪で火を起こし、調理したのです。家庭の象徴のようなあたたかい場所である一方、当時の日本家屋は木と紙で作られていたのでたいへん燃えやすく、類焼もしやすかったため、火事を出すと七代たたる、などといわれていました。火は生きていくうえでなくてはならないものですが、反面、恐ろしいものでもあったのです。

　そこで、人々は、かまどの神さまを大切にするようになりました。お札をかまどのそばに貼り、神さまを怒らせないよう燃えや

すい炭のくずなどを片づけ、食べ物も、できるだけゴミを出さないようにしたものです。何よりも恐ろしいのが火事だったので、かまどの神さまこそが家の守り神だとする地方、家もあります。

## ●台所を守るのは大黒さま

伊邪那岐命が体をきれいに洗うみそぎをして、天照大神・月読命・須佐之男命という三姉弟の神が成りました（P34参照）。このうちいちばん暴れん坊だったのが、末っ子の須佐之男命。姉の天照大神をおののかせて、神々の住む天上界（高天原）を追放されてしまうほどでした。

ふるさとを追われた須佐之男命は、のちの妻となる櫛名田比売と旅先で出会います。八岐大蛇に食べられるところだった姫君を、須佐之男命が剣で大蛇を切り裂いて救います。姫君は、命を

40

助けてくれた須佐之男命に恋をし、やがてふたりは結婚。子ども が生まれ、その子がまた子を生み、六代目に、大穴牟遅という神 が成りました。大穴牟遅神はたくさんの兄弟とうまく渡り合って 日本という国を作りました。そこで、大国主神（おおくにぬしのかみ）と呼ばれるよう になります。

勇気と慈悲をあわせもつ大国主神は、七福神の一人「大黒天（だいこくてん）」 と合わせてお祀りされることが多いようです。大黒天は、もとは ヒンズー教の「マハーカーラ」でした。それが中国を経由して日 本に入ってくると、「大黒」と大国主神の「大国」は同じ読みが できるので、同一の神とも考えられるようになりました。大黒さ まは、豊穣の神、商売繁盛の神、子宝の神、縁結びの神などとし て、たくさんの神社に祀られています。

## ◉大黒さまと一緒に祀られる恵比須さま

豊穣の神である大黒さまとペアで祀られてきたのが恵比須さまです。「えびす」とは異国の人という意味。伊邪那岐命と伊邪那美命との間に最初に生まれた水蛭子だとする説や、大国主神の子である事代主神だとする説もあります。タイと釣り竿を持つ姿から、大漁をも

ひとまず留守番じゃ

ぴち

ぴち

42

たらす漁の神としても知られています。外から福をもたらす神なので、「福の神」ともいわれます。

また、変わった役割もあります。神無月という、旧暦の10月（現代では11月頃）は、ほかの神さまが来年の予定を決める寄り合いに、神さまのふるさと・出雲（島根県）に里帰りしてしまうのです。こんなに神さまが出払ってしまっては大変……というわけで、恵比須さまが、特例で留守番をしてくれるともいうのです。

10月や1月の20日には、「恵比須講」といって、恵比須さまと大黒さまにごちそうをお供えし、祀る風習もありました。1月にかせぎに出かけ、10月に帰ってくるという言い伝えもあり、お客を呼ぶので、商売繁盛の神さまともいわれています。

## ● 命の綱、水神さま

誰もが田畑を耕していた時代には、田畑をうるおす水は、まさに命綱でした。また、水道がなかった時代、家で使う水は井戸から汲んでいました。そうした川や井戸を守る水神は、私たち日本人の生活にとっては、欠かすことのできない大切な神さまでした。

日照りが続くと、昔は聖なる山に霊水を汲みにいったり、雨乞いの踊りを踊ったりしました。川でいたずらをすると、水神の使いである河童に水の中に連れ込まれるという話も各地に残っています。

## ● 万物に降りそそぐ女神、天照大神

伊邪那岐命の左目から生まれた天照大神は万物を照らす太陽

の化身であり、日本神道の最高峰として祀られています。『古事記』には、暴れん坊の弟、須佐之男命をいやがって天照大神が岩戸に隠れたとき、世界が真っ暗になったことが記されています。

太陽の力が弱くなる冬至の頃には、木々は枯れ、人間も疲れ、神々の力も弱まると考えられていました。そこで、どうにかして太陽に出てきてほしいという思いが、歌や舞などの芸能を生んだとされています。芸能は人間が楽しむためのものではなく、神さまに捧げ、災厄の神を抑えつけるためのものなのです。

## ●つねに家を守る屋敷神

敷地内に住んで、家を守る神。家によって、稲荷、八幡、さらには弁天、観音とさまざまな神仏が屋敷神とされています。そうした神さまは住む人が変わっても、同じ場所に居続けるといわれ

ます。

岩手県などでは、「座敷童子」という妖怪が有名で、これもまた、家を守る神さまが形を変えた姿ともいわれます。こちらはときとして出ていったり、戻ってきたりすることがあります。出ていくときは、立てかけてあったはずのほうきが倒れているなどの不思議なことが起こり、その日から家運はかたむいていきます。

## ● どんなことも率先して引き受けるトイレの神さま

沖縄の伝承では、神々が家の各所の守り神を決める際、トイレを担当する神さまがなかなか決まらなかったところ、自ら「トイレを守る」と名乗り出た神がいたと伝わっています。その神は、もっとも美しい神さまとも、もっとも偉い神さまともいわれており、ほかの者がいやがることを率先して引き受けたことから、家

の繁栄や女性の美を司る
とされています。

トイレを掃除すると
「お宝を授かる」などと
いわれてきました。その
「お宝」とは子どものこ
とです。昔の女性は、嫁
ぎ先の敷居をまたぐとす
ぐに、トイレと台所の神
さまにあいさつしたそう
です。

# お掃除してみた！ みんなの運気アップ体験

お掃除の道具であるほうきは、
ゴミを掃くだけではなく、
邪気をも掃いて（祓って）くれます。
お掃除で家の中ののけがれ、
よどみを取り除けば
神さまのご利益が上昇！

● 水まわりをきれいにすると良縁に恵まれると祖母から聞き、そ
の日からお風呂やトイレを徹底的に掃除しました。3カ月後に今
の夫と知り合い、1年後には結婚しました。（28歳・主婦）

● 今まで妻に任せていた粗大ゴミのまとめを私がすることに。ゴミを持っていってもらったあと、商店街の抽選会に行ったら商品券が当たりました。（35歳・営業）

● 夫の実家はお金持ちで、家はきれいに片づいています。事業が成功しているうえに、懸賞も当選します。一方、私の実家はいつもぐちゃぐちゃ。そして貧乏。両家を見比べると、掃除で運気がアップするって本当にあるんだなと思います。（50歳・会社員）

● フリーの仕事が激減したとき「仕事がほしい」と思いながらトイレ掃除をせっせとしていたら、まさにそのとき、クライアントから依頼電話がかかってきました。（32歳・イラストレーター）

● お風呂を掃除しながら、終わったらシュークリームが食べたいな……と思っていたら、隣りの人が「手作りした」ってシュークリームを持ってきてくれたんです。びっくりしました。（21歳・学生）

● 不要なものを捨てたらちょっと痩せました。旦那にもすすめたら、職場の机とロッカーをきれいにしていました。会社の売上が上がったそうです。（48歳・主婦）

● 企業の最終面接で落ちたので、少しでもよい気が入るように、玄関を掃き、掃除機をかけ、家に風を通すことだけは、忙しい日も必ずやるように。特に玄関は念入りに。ひと月後、内定をもらえました。（26歳・会社員）

● 壮絶な汚部屋に引きこもって数年。少しずつ片づけはじめました。部屋がマシになるにつれて人間らしさを取り戻していく気がします。（20歳・無職）

● 掃除機しか使っていなかったのですが、拭き掃除が大切と聞いて、余分なものは片づけて、床や家具を古布で拭くようにしました。半年後、長い間悩まされていた皮膚炎が完治。もしや、掃除機では退治できないダニがいたのかも……。掃除はやり方も大切ですね。（40歳・会社員）

● 自宅のPCデスクまわりを整え、毎日拭き掃除をしてから仕事をするようになったら、テレワークの快適性が上がり、仕事の人間関係も今までになく良好になりました。（33歳・会社員）

# 怖い神さまってどんな神さま?

家にやってくる神さまは、幸運をもたらしてくれる神さまだけではありません。けがれやよどみの多い家には、そういったものを好む災厄の神さまが訪れます。

あなたの家はどうでしょう。災厄を呼ぶ怖い神さまがいませんか?

## ● 貧乏神

家や人にとりついて貧乏にする貧乏神は、不浄のものがあふれている家を好みます。大晦日の夜にいろりで火を焚くと逃げていくと伝えている地域もあります。大掃除をして年神さまを迎えれば、貧乏神もいつのまにか消えていきます。

## ● 疫病神

流行病をもたらす悪神です。お清めすることで疫病神は家に入ることができません。掃除によって室内を清らかで清浄な場所にし、疫病神の侵入を防ぎましょう。疫病神を祀りもてなすことで退散させるお祭りなどもあります。

## ● 鬼・怨霊

疫病神と同じように、病気や災厄をもたらします。ほこりやカビが舞う空間では、普段から病原菌を体の中に取り込んでいるようなもの。病気をもたらし、悪い気を運びます。

# 神さまパワーがみるみる高まる！

# 部屋別 神さまお掃除術

やるぞ～

54

56

福を
授ける神

Kamisama 01

# 大年神
（おおとしがみ）

年明けの1月1日に
来訪します。
門には松を飾り、
神棚にはおもちを供えて
おもてなししましょう。

# 厄 おうちの神さま10

お掃除することで家を守ってくれる
10の神さまを紹介します。

**誕生** 『古事記』では、須佐之男命と神大市比売との間に生まれたのが大年神です。

**性格** まっ白な鏡もちなど、きれいなものや丸いものが大好き。家族みんなを見守るおおらかな神さま。

**ご利益** 穀物神のため、五穀豊穣、無病息災、家内安全など。年末に大掃除をして新年に年神さまをお迎えすると、1年間、家や家族を災いから守ってくれます。お正月に用意する祝いばしは、神さまの力にあやかろうと、神さまと一緒におせち料理を食べるためのものです。

家全体を
守る神

*Kamisama 02*

# 天照大神
（あまてらすおおみかみ）

天地を照らし、植物を成長させ、
飢餓や疫病などの災いを
一掃してくれる神さまとして
太古から君臨します。

**誕生**
日本神話には「天照大神」として
登場します。世界各地でも何千年も前か
ら、太陽は神の化身とされてきました。

**性格**
普段は女性らしく機織り（はたお）を仕事と
していますが、乱暴者の弟、須佐之男命
をこらしめるときには、髪を結び男装し
て対峙する神話があります。強さと優し
さが同居する姿は理想の女性そのもの！

**ご利益**
天照大神を主祭神とする伊勢神宮
（三重県）は日本最大のパワースポット。
衣食住をはじめ、あらゆる産業を守り立
ててくれます。日本という「家」を守っ
てくれるという考え方もあり、皇室の祖
神でもあります。

台所を守る
火の神

# 三宝荒神
（さんぼうこうじん）

鍋やフライパンを載せる
かまど（現代では調理コンロ）にいて、
調理の火が暴れたり、
急に消えたりしないよう
守ってくれます。

## 誕生

もともとたたりやすい荒ぶる神さまとして考えられていて、陰陽師（おんみょうじ）や山伏（やまぶし）たちが鎮めるためのお祓いをして回っていました。不浄を嫌うため、かつて、家の中でもっとも清浄が求められたかまどにやどるようになりました。

## 性格

3つある顔はすべて頭髪を逆立て怒った顔です。悪いことが許せない激しい性格で、かまどに子どもが乗ると、怒って突き落としたりすることも。

## ご利益

大切にすると料理がおいしくなる、台所に家族が集まってきてなごやかになるなど。三宝荒神（さんぼうこうじん）を怒らせないよう、年末にはしっかり大掃除をして清めます。

家中の炎を
司る火の神

Kamisama04

# 火之迦具土神
（ひのかぐつちのかみ）

台所、お風呂、
食卓にともるキャンドル、
神棚の灯明など、
家中のあらゆる火を司り、
災いから守ってくれます。

**誕生**

伊邪那岐命（いざなきのみこと）と伊邪那美命（いざなみのみこと）の子とし て生まれますが、火の神であるため出産 時に伊邪那美命にやけどを負わせ死なせ てしまいます。そのため、伊邪那岐命の 怒りを買い、殺されてしまいます。

**性格**

火は恐ろしいけれど、人間がコン トロールすることもできるものです。火 之迦具土神（ひのかぐつちのかみ）の「迦具」は、「輝き」「かぐ（ひ） わしい」の語源にもなっています。扱い しだいでよくも悪くもなる神さまです。

**ご利益**

しっかりお祀りすれば、火災や盗 難から家を守ってくれます。台所や浴室 など、火が関係する場所を清浄にしてお くことで神さまの怒りを鎮められます。

# 宇迦之御魂神
（うかのみたまのかみ）

お稲荷さん（稲荷神）とも
呼ばれる穀物の神です。
台所や食糧の貯蔵庫、
冷蔵庫などを守ってくれます。

**誕生**　須佐之男命と神大市比売との子で
大年神を兄とし、女神ともいわれています。伊邪那岐命と伊邪那美命が飢えて倒れたときに現れたといういい伝えも。

**性格**　稲荷神はインド発祥の仏教が日本に入ってきたとき、鳥獣を食べる羅刹・ダキニ天と結びついて、怖い夜叉のように伝わりました。狐を使って人にとりつくともいいます。

**ご利益**　お使いの狐で知られる稲荷神社や祠が日本中にあり、日本人にとってもっとも身近な神さまといえるでしょう。夫婦のきずなを強め、豊穣・商売繁盛の神さまとして愛されています。

五穀豊穣の
神たち

Kamisama 06

# 恵比須・大黒

恵比須は漁、
大黒は豊作の神さま。
二神合わせてお祀りし、
家も仕事も栄えるよう
一度にお祈りします。

**誕生**　大黒はインドから伝わり、厨房の神とされました。日本の大国主（おおくにぬし）という神さまと混同されたりもします。恵比須は日本在来の神で、現在はどちらも、おめでたい七福神として信仰されています。

**性格**　きれい好きで、腐った魚や肉などはにおいだけでもいやがります。そのため食物が傷みやすい夏は大の苦手。

**ご利益**　台所、冷蔵庫、食卓など食べ物のあるところにやどります。キッチンやダイニングをきれいにすると、お米が減らず、良縁に恵まれるといわれます。恵比須・大黒を祀る宝くじ売り場からは大当たりが出ることがあります。

雨も司る
水の神

# 弥都波能売神
みづはのめのかみ

キッチン、洗面所、お風呂などの
水まわりにいるほか、
雨や海も司る
命の源を与える女神です。

**誕生** 伊邪那美命が火之迦具土神を産み、陰部のやけどで苦しんでいたとき、尿から生まれたのがこの神さまです。「水つ早」とも書き、水のほとばしるときに生まれたという意味の、水を司る神です。

**性格** きれいな水の出る村には乙女の姿で現れて、草の繊維と水を使って紙の漉き方を教えたといいます。面倒みがよく、洗濯の方法や、水田の作り方なども教えてくれる家庭的な面のある神さまです。

**ご利益** 水の湧く場所は生命の源を感じさせ、家事を担う女性が集う場でもあります。女性や子どもに関わるご利益があり、子宝・安産、女性の美などを司ります。

トイレを守る
きょうだい神

# 波邇夜須毘古神（はにやすびこのかみ）
# 波邇夜須毘売神（はにやすびめのかみ）

祭事用の道具を作る
粘土を持つ土の神。
土は大便に似ていることから
トイレにやどる神として
広まりました。

**誕生**　水の神と同様、伊邪那美命がやけどをした際、大便から生まれたきょうだい神。また、トイレはあの世とつながっているとも考えられ、地獄の王とつながるトイレの神とされることも。一方、仏教ではウスサマ明王がトイレの神として有名です。

**性格**　日本神話では土の神さまとされ、そこから転じて田畑を守る優しい神さまといわれています。

**ご利益**　トイレをきれいに掃除するとお金が回り出します。陶器（便器）を磨くと特によいようです。女神もいるため、女性の美や恋愛・結婚運にもパワーを発揮してくれます。

家宝を守る
屋敷神

## 納戸神
（なんどがみ）

蔵、納戸、米びつ、
現代なら寝室のタンス、
押入、クローゼットなど
財産の隠してあるところに
やどります。

**誕生** かつて、家の中でもっとも奥の部屋はいちばん重要な空間とされていました。奥まった暗いこの空間にいる神さまは、ときとして妖怪に見られることもあります。

**性格** いつも薄暗がりで静かに見守る。一家の主婦以外には心をゆるさず、大切なものを隠したりします。まして他人（泥棒）が入ってきたら、ものを落としたり割ったりして大騒ぎ。不要なものがあふれすぎると出ていってしまいます。

**ご利益** 家の中にカビが生えないよう定期的に風を通し、整理整頓をすることで居場所ができ、財産が守られます。

*Kamisama 10*

風を司る神

## 志那都比古神
（しなつひこのかみ）

家の戸や窓を開け放つことで、風の神が動き出します。悪い空気であるよどみやほこりを吹き飛ばしてくれます。

### 誕生

母は伊邪那美命（いざなみのみこと）。伊邪那岐命（いざなきのみこと）が霧を吹き払った息から生まれたといういい伝えもあります。

### 性格

風は志那都比古神（しなつひこのかみ）の息だといわれます。台風を起こし、稲穂をなぎ倒し、船を転覆させる一方、風がなければ、稲は受粉せず船は動きません。とても気まぐれで、特に作物の実る秋に暴れるため、全国各地で風祭りを行って鎮めます。

### ご利益

カゼは「風邪」とも書くことから、しっかり祀って送り出さないと災いをもたらします。「風向きが悪い」など、風を使った慣用句もたくさんあります。人間関係や運を変えたいときも活躍します。

67

## ☁ 玄関

╲ 守ってくれる神さま ╱

| | |
|---|---|
| **大年神・天照大神** | 家全体を守ってくれる幸運の神たち |
| **志那都比古神** | 風を送ることで空気を浄化させ、幸運を運んでくれる |

その家独特の
においがしない

たたきは、土ぼこりがなく、
拭き掃除がされている

不必要なものがなく、
厳選したものだけを
置いている

ドアノブが
磨かれている

# 和室

\ 守ってくれる神さま /

| 大年神・天照大神 | 家全体を守ってくれる幸運の神たち |
| 志那都比古神 | 風を送ることで空気を浄化させ、幸運を運んでくれる |
| 納戸神 | 財産を守って金運を上げてくれる |

障子、
ふすまなどに
破損がない

部屋の隅に
ほこりなどが
たまっていない

歩いても座っても
畳の清々しさを感じる

布団が敷きっぱなしに
なっていない

# 洋室

\ 守ってくれる神さま /

| 大年神・天照大神 | 家全体を守ってくれる幸運の神たち |
| 志那都比古神 | 風を送ることで空気を浄化させ、幸運を運んでくれる |
| 納戸神 | 財産を守って金運を上げてくれる |

ものが整理され、不必要なものが置かれていない状態

ほこり、ベタつきのない床

手あかやこびりつきのない壁

家電まわりや置物にほこりがたまっていない

エアコンや、カーテン、ソファの布製品からいやなにおいがしない

# キッチン

＼ 守ってくれる神さま ／

**三宝荒神**　台所の火を守り、火事を防いでくれる

**弥都波能売神**　大切な水を守り、仕事運を向上させてくれる。安産祈願にもよい

**恵比須・大黒・宇迦之御魂神**　財産・健康などを守ってくれる豊穣の神たち

ベタついた油汚れのないきれいな換気扇

水あか、カビがないピカピカのシンク

生ゴミの悪臭がない

庫内が整理され、液だれなどの汚れがない冷蔵庫

食器や調理道具が清潔に保管されている

油汚れがなく、床や壁もスッキリしている

# 🌀 洗面・脱衣所

＼守ってくれる神さま／

| 弥都波能売神 | 仕事運の向上、女性の美や恋愛運アップ |
| 志那都比古神 | 風で空気を浄化させ、幸運を運ぶ |

# 🌀 トイレ

＼守ってくれる神さま／

| 波邇夜須毘古神・<br>波邇夜須毘売神 | 金運アップに加え、<br>女性の健康・恋愛・結婚運も向上 |

ほこりや
抜け毛が
たまって
いない
洗濯機まわり

水あかやサビのない
洗面カウンター

きちんと整理された
収納キャビネット

きれいに
保たれている
サニタリーボックスや
掃除道具

黄ばみや
黒ずみの
ない便器

いやな
においの
ない空間

洗いたてのタオル

トイレットペーパーなどが
整理されている

72

# 🌀 浴室

＼ 守ってくれる神さま ／

| 弥都波能売神 | 仕事運の向上、女性の美や恋愛運アップ。安産祈願にもよい |
| --- | --- |
| 火之迦具土神 | 火災や盗難などから家を守ってくれる |
| 志那都比古神 | 風で空気を浄化させ、幸運を運ぶ |

湯あかのない
気持ちよい浴槽

つまりや
いやなにおい
のない排水口

ヌルヌルやカビのない
排水口や床・壁面

清潔なバスマット

# 収納場所

\ 守ってくれる神さま /

| 納戸神 | 財産を守って金運を上げてくれる |
|---|---|
| 志那都比古神 | 風を送ることで空気を浄化させ、幸運を運んでくれる |

適度な空き
スペースがあり、
風の通る押入

においや
湿り気のない
収納スペース

洋服が
整理され、
ひと目で
ワードローブが
確認できる
クローゼット

ものが取り出しやすく、
スッキリと片づいた引出し

74

# ベランダ・庭（門まわり）

＼ 守ってくれる神さま ／

**大年神・天照大神** 家全体を守ってくれる幸運の神たち

**志那都比古神** 風を送ることで空気を浄化させ、幸運を運んでくれる

ほこりで目が詰まっていない網戸

土ぼこりやくもりのないガラス窓やサッシ

細かい部分もきれいに掃除されたサッシの溝

排水口がきちんと機能しているベランダ床

ハトのフンや土ぼこりなどがないベランダ

季節の植物が楽しめるベランダや庭

※汚れのない表札・ポストまわり

※雑草や落ち葉のない庭

# 神さまお掃除をする前に

神さまお掃除は、リセット掃除とキープ掃除の2段階。

リセット掃除は、「5大不浄」を取り除くこと。これで神さまをお迎えする準備ができたということです。

キープ掃除は、神さまにずっといてもらうためのお掃除です。

---

「神さまお掃除」のための
## 8つの道具を常備する

### ❶スポンジ

スポンジは、掃く・拭く・磨くができる万能道具。細かいところはカットして使う。この本で使うスポンジは主に次の2つ。

**二層スポンジ**

吸水性があり、水まわりに。堅い面はこびりつき汚れに。小さなほうき代わりにも。
＊使えない素材：やわらかいプラスチック、漆器など

**メラミンスポンジ**

水を含ませて使う。手あかや茶しぶ汚れに。
＊使えない素材：はがれやすい塗装面、木製家具、漆器類、光沢のあるプラスチック面など

---

リセット掃除で
## 5大不浄を清める

❶ 汚れは「けがれ」

❷ 悪臭は「よどみ」

❸ ほこりは「ばい菌」

❹ カビは「病原」

❺ 湿気は「腐敗」

## ❷重曹

重炭酸ソーダの略。そのまま振りかけて研磨に、ペーストにしてこびりつき汚れに、水や湯に溶かして汚れを浮かせるなど用途に応じて。

＊使えない素材：畳、アルミ製品、白木、木製のまな板、フローリングなど

## ❸酢

酢1：水4の割合でお酢スプレーを作って、汚れに吹きかけてからプチバスタオル（P78参照）で拭き取る。頑固な汚れにはティッシュで湿布を。
＊使えない素材：鉄製品、コンクリート、大理石など
＊塩素系の洗剤と一緒に使わない（有毒ガスが発生する）

### お酢の力

- ●水あか（ポット、やかん、蛇口、便器など）や石けんかすの汚れ、鏡の汚れを落とす
- ●抗菌・消臭作用がある
- ●アルカリ性の残りかすを酸で中和し、表面をつやつやにする
- ●還元作用（金属のサビを防止する）

### 重曹の力

- ●湯あか（浴槽など）、手あか（家電など）、カビ（ゴムパッキン、タイル目地など）、油の汚れを落とす
- ●表面を傷つけずに磨くことができる
- ●においを吸収する
- ●湿気を取る
- ●水の洗浄力を上げる

---

### 重曹とお酢の二重パワー

重曹と酢が合わさると二酸化炭素の細かい泡が出て、汚れを浮かび上がらせる。手が届かないところの汚れや、頑固な汚れを落とすのに最適。カビなどは、重曹でこすり落としたあと、お酢スプレーをすると、抗菌作用がはたらき、カビ再発の予防になる。

---

## ❹プチバスタオル

不要な古タオルをカットして使い捨てぞうきんとして使用する。使いやすい大きさでよい。時間があるときにカットして常備。

チョキ チョキ チョキ

## ❺新聞紙または古雑誌

吸水性・吸油性にすぐれている。生ゴミを包んだり、油汚れや窓拭きにも。

## ❻水（霧吹き）

バケツは不要。ピンポイントで
水拭きする。

## ❼台所用食器洗剤

一般的な液体の食器用洗剤でOK。
これで泡湿布を。

## ❽塩（お清め用）

粗塩がおすすめ。神さまへのお供えや
お清め掃除にも必要。

ツキを呼ぶ！

# 神さまお掃除

# 玄関

すべての幸運は玄関が入口！
神さまを気持ちよく迎えよう

守ってくれる神さまマップ

天照大神
（あまてらすおおみかみ）

大年神
（おおとしがみ）

玄関

志那都比古神
（しなつひこのかみ）

玄関は神さまの通り道として、
できるだけものを置かないのがベスト。
ほこりや土などを
ため込まないお掃除が大切。

**Q** 玄関の掃除で
開運するのはなぜ？

**A** きれいな玄関には
多くの幸運がやってきます

　神さまはその家の入口からやってきます。そのため、玄関がものであふれていたり、ほこりや悪臭がこもっていては、神さまも遠ざかってしまいます。

　天照大神や大年神など家全体を守ってくれる神さまは、玄関が清々しいとたくさんの幸運とともに訪れてくれます。また、玄関を開け閉めすることで、風の神さまの通り道にもなります。風通しをよ

くして悪い空気を排出し、よどみを消して、家族が健康で穏やかな日々を送れるよう見守ってくれるのです。

気もちのいい家じゃ……

81

**Q** 神さまを呼ぶにはまずどこから掃除をするの？

**A** ドアノブをピカピカにして、内なるパワーを発揮して

玄関ドアのノブが金属なら、メガネ拭きなどの布でぜひ磨きましょう。光るのは神さまが目印にしてくれます。また、

ピンポイントの輝きは好印象でもあります。内に秘めたパワーが発揮され、運気も上昇してきます。

**Q** とりあえず、今すぐ簡単にきれいにする方法は？

**A** ほうき代わりのスポンジで細部までスッキリ！

靴箱の中や傘立ての底は、乾いた二層スポンジの堅い面を使って、ほうきのように、ほこりや土ぼこりを払います。たたきに落ちた汚れはスポンジのやわらかい面で拭きます。細かい砂などは、

ぬれたスポンジをしぼって拭くと取れます。

スポンジは靴箱の中に常備しておきましょう。気になったときにすぐに神さまお掃除ができます。

**1**

堅い面でほこりや土ぼこりを払う。

**2**

たたきの汚れは、やわらかい面で。砂ぼこりはぬれたスポンジで吸着させる。

スポンジなら靴箱の中にあっても邪魔にならない。

**Q** たたきをピカピカにするには
どうすればいい？

**A** キッチンペーパーの
拭き掃除でお清めを。
ほこりがたまりすぎたら、
スポンジでかき集めて捨てます

普段の掃除は、福を呼ぶ拭き掃除で行います。でも、汚れたぞうきんは厳禁。キッチンペーパーを2枚重ねて4つ折りにし、ぬらして拭きます。一度拭いたら、きれいな部分を表に出して二度拭きします。週1のペースでこのお清め掃除をすると、神さまを迎えられます。

ほこりのたまったたたきは、二層スポンジの堅い面で四隅の汚れをかき集めて捨ててから、やわらかい面で拭きます。だいたいのほこりはスポンジで吸着できます。細かい砂などは、ぬらしたスポンジをよくしぼって拭きます。

ほこりが
たまっていたら

乾いた二層スポンジの
堅い面で汚れを集め、
やわらかい面で拭き取る。

## 普段の掃除

**1** 2枚重ねの
キッチンペーパーを
4つ折りにする。

**2** ペーパーを湿らせて
たたきを拭く。

**Q** ドアの掃除はどうやるの?

**A** 素材に合わせて拭き掃除を

木製の場合は、乾いた布で拭きます。

金属製の場合は、食器用洗剤を水で100倍程度に薄めたものにプチバスタオルを浸し、固くしぼって拭きます。

木製はから拭き。金属製は食器用洗剤を水で100倍に薄めたもので拭く。プチバスタオルは固くしぼって。

**Q 靴が収納しきれない！
何かいい方法はない？**

**A 履かない靴を処分する勇気が、
新しい運を呼び込みます**

履けない靴と履かない靴は、似て非なるもの。履けないほうは捨てるのに決着がつけやすい一方、履かないほうは心残りのある靴なので決心がいります。

履かないのに処分できない靴には、次のようなものがあります。

① 新しいけれど、きつい、足が痛くなる靴→体調不良のもと。履いたときの不快感はずっと取り除けません。

② 革がはがれている、すり減っている靴→寿命がきているもの。お金を出して修理する気持ちがないなら、一生そのままです。

③ 昔の流行の靴→再度流行が巡ってきたときには、年齢も経て似合うものも変わっています。

今の自分、輝く未来の自分にふさわしいものだけを残しましょう。履かない靴を処分すれば、玄関もスッキリとし、新しい運が開けてくるのです。

すべての靴を収納するのが理想ですが、どうしても収納しきれず出して並べる場合は、見た目のよい靴を選びます。

次のような靴は
思い切って処分を

足に合わない靴は
体調不良のもと。

表面やかかとが
すり減っているものは寿命。

デザインが古いものは
気分も古びる。

**Q** ブーツのにおい対策。普段のお手入れは？

**A** 1日履いたら新聞紙を入れて湿気を除く

外出から戻ったら、新聞紙をつま先の形に合わせるように丸めて入れておきましょう。ブーツの中にこもった湿気が軽減されます。

脇用の制汗デオドラントスプレーを、シュッとふきかけておくのも効果があります。

制汗スプレーをひとふきして、丸めた新聞紙を入れる。

**Q** 玄関のこもったにおいがとても気になる…

**A** 悪臭はよどみのひとつ。重曹や炭でにおいと湿気対策を

いやなにおいは神さまだけでなく、お客さまにも嫌われるもの。まずは、玄関のドアや窓を開けて空気の入れ換えをしましょう。靴箱の扉も開けて、よどみを外に逃がします。これだけでも、空気が動いて空気感が変わります。

次に消臭効果のある重曹や炭を小さい容器に入れて、靴箱の中へ複数入れてお

きます。においが消えるのと同時に湿気対策にもなります。トイレットペーパーでも同じような効果があります。

**1** 玄関のドアや窓を開けて風を通す。
靴箱の扉もオープンに。

**2** 重曹や炭を
小さい容器に小分けにする。

**3** 棚ごとに置いておくと
より効果がアップ。

**Q** 雨にぬれた靴で、玄関が湿っぽい空気になってしまう

**A** ぬれた靴は新聞紙を丸めて吸水しながらにおいを断つ！

まず、大きな新聞紙で丸ごと靴を包んで、表面の水分を取り除きます。次に、4分の1〜半分にカットした新聞紙を軽く丸め、つま先まで詰めます。詰めた新聞紙を寝る前に取り替えるのがポイントです。

新聞紙は吸水性に優れ、においも軽減してくれます。

包みこむ。

**1** 新聞紙で全体を包み込み、水分を取る。

交換！

**2** カットした新聞紙を丸め、靴に詰める。

**3** 寝る前には新聞紙を取り替える。

**Q** 玄関に置いて
運気がアップするものは
あるのかな？

**A** 玄関の置物はゼロが理想。
どうしてもの場合は、
ほこりをかぶらないもの
3つまで

　置物は、ほこりをかぶりやすいのが特徴。ほこりは汚れ、けがれにも通じます。

　置く場合は、くもりのない鏡、造花ではない生きた植物、自然の香りのアロマボトルなど、つねに目がいくものを。数は3つまでとします。

ツキを呼ぶ！

# 神さまお掃除

# トイレ

## 金運アップで美しく！
## トイレ掃除は運気アップの要

守ってくれる神さまマップ

波邇夜須毘古神（はにやすびこのかみ）

トイレ

波邇夜須毘売神（はにやすびめのかみ）

便器の中も拭き掃除で
「福」を呼び込みましょう。
においの原因を知れば予防も可能。
お酢スプレーでスッキリ清潔に！

**Q**
トイレの神さまがやどると
どんないいことがある？

**A**
「拭く」は福を呼び、
美しさのパワーがアップ！

トイレの神さまは男女のきょうだい神

です。女神さまのパワーは女性の美や恋愛・結婚運に効きます。縦に2等分、横に3等分してカットしたミニスポンジで、細かな部分を拭き掃除しましょう。

拭くことで「福」を呼び込みます。人がいやがることを実践する心がけが、内面も外見も磨かれていくことにつながるのです。

ミニスポンジで
拭き掃除を!!

93

**Q** 金運アップのための
トイレ掃除を教えて！

**A** 手を使ったミニ掃除で
運気をコツコツためましょう

土の神でもあるトイレの神さまは、陶器（便器）をきれいにすると喜んでくれます。ブラシで便器をひと通り、グルリと磨きましょう。床は手にトイレットペーパーを巻きつけて拭きます。どちらも1日1回。洗剤は不要です。汚れをためこまないため、悪い運もつきにくくなります。コツコツ掃除のあとは、金運が花開くときを待つだけです。

**Q** トイレ掃除は夫がするほうが
いいと聞いたことが…

**A** きれいなトイレは
出世運につながります

あるメーカーが行ったアンケートでも

トイレがきれいな人は仕事ができ、出世率も高いという結果が出ています。これは男性も女性も一緒。何ごとも人任せにするよりも、自力で体験するほうが幸運を呼び込みやすくなるのです。

夫の出世を望むなら、ぜひ本人にトイレ掃除をすすめてください。

**Q** トイレ内にもほこりがたまってしまうけど…

**A** ほこりはスポンジ拭きで「福」を呼び込みましょう

二層スポンジのやわらかい面をほうき代わりにします。ペーパーホルダー、便

器のふた、スイッチ類、コンセントまわり、手洗い器、床の四隅など。集めたほこりはトイレットペーパーでつまむように包んで流してしまえば、悪い運も去っていきます。

**Q** 便器の黒ずみがブラシでは落ちない！

**A** がんこな汚れは重曹湿布を

便器の縁の内側についた取れない黒ずみは、湿布掃除がおすすめ。重

曹をトイレットペーパーに包んで縁の内側に詰めます。1時間ほどおいてから流しましょう。

**Q** 水のたまる部分に赤や黄色の輪が出てきた！

**A** 赤い水あか、黄色のシミは洗剤湿布で落とします

汚れの輪の部分にトイレットペーパーを敷き、その上からトイレ用洗剤をかけます。10

〜20分程度おいてからブラシでこすり、水に流します。

**Q** 築ウン10年の古いトイレ。黄ばみがまったく取れない！

**A** 重曹湿布、洗剤湿布が効かないなら、紙ヤスリで削る！

普通の掃除で落ちない長年のこびりついた汚れは、1000〜1500番台の耐水性のサンドペーパーでこすります。便器にキズが残らないよう力加減に注意して。あとはぬらしてしぼった二層スポンジのやわらかい面で拭きます。

二層スポンジ

**Q** 便座はいつでも清潔にしておきたいけど…

**A** お酢スプレーで簡単除菌。におい対策には重曹も

お酢スプレーは、お酢1と水4を混ぜ

サンドペーパー

1000番〜1500番

たもの。便座にお酢スプレーをかけ、トイレットペーパーで拭きます。重曹を振りかけてからスプレーすると、においと黄ばみも消え、一石二鳥。

お酢スプレーが◎

**Q** 温水便座のシャワーノズルはどうやって掃除するの？

**A** スポンジでこすり、細かい部分は綿棒で

二層スポンジの堅い面でこすり、トイレットペーパーで汚れを拭き取ります。細かい部分に汚れが入り込んでいるときは、綿棒を使って落とします。

細かい部分は綿棒で☆

**Q** タンクの水受けの汚れが
固まっていて落としにくい！

**A** 重曹＋スポンジ磨きで、
汚れを落とす！

水受けにできる白い固まりは、水の中に
含まれるカルキ成分です。固まりができて
しまったら、まずは重曹を振りかけて二層
スポンジの堅い面でこすり、水にぬらした
トイレットペーパーを重曹にかぶせて湿布
します。

10〜20分程度おいたら、トイレットペー
パーで拭き取ります。ペーパーはそのまま
トイレに流してしまってOKです。

**2** 水にぬらした
トイレットペーパーで
湿布する。

**1** 重曹を振りかけて
スポンジでこする。

**3** トイレットペーパーで
拭き取ればピカピカに。

**Q** 掃除をしてもなんとなく
においが残っている気が…

**A** においと汚れの温床である
**便座カバーやトイレマットは
はずしてしまうのがベスト**

トイレのにおいの元は、尿に含まれる
アンモニアです。尿は時間が経つほどに
強いにおいを放つようになります。特に
立って用を足す男性のいる家庭では、尿
は思った以上に周辺に飛び散っています。
においを残さないためにも、次の点を
チェックしてみましょう。

① 壁・床

尿は床だけでなく壁にも飛び散ります。お酢スプレーをかけて、拭き掃除をしましょう。床と便器の境目は綿棒で拭き取ります。

② 便座カバー

便座カバーやトイレマットは尿やアンモニア臭が染み込みやすいので、はずしてしまうのがベスト。どうしてもつける場合は、1週間に1〜2回は洗濯を。

また、生理用ナプキンを入れるダストボックスもにおいの元に。ビニール袋をかけたあと、重曹をひとつまみ入れておきます。袋はこまめに取り替えましょう。

**Q** トイレに置く芳香剤、おすすめは？

**A** アロマオイルや香りのある石けんでさわやかに

フレグランス石けんを入れた小皿やカ

ゴを置いたり、アロマオイルの芳香剤を使うのがおすすめ。アロマオイルをタンクの中に、数滴落としておくのもいいでしょう。

**Q** タンクの中も汚れている気がするけれど…

**A タンクの中の汚れは
重曹を入れてひと晩おく**

寝る前にタンクの中に計量カップ3分の1程度の重曹を入れます。寝ている間に重曹がタンクの中をきれいにしてくれます。翌朝、通常通り水を流せ

就寝前や外出前など、
トイレを数時間使用しない
ときに行うのがおすすめ。
汚れ防止にも効果的。

ばOKです。

**Q** トイレブラシの掃除は？

**A** 漂白剤を入れた水に立てて
定期的に除菌・洗浄を

日頃の洗浄は、使用後に便器内の水ですすげばOK。除菌したいときには、便器の水に台所用液体漂白剤をキャップ半分程度入れ、ブラシを立てます。20分程度おいてから水を流します。2週間に1回は除菌をして、ブラシもできるだけ清潔に保ちましょう。

20分おく！

台所用漂白剤

トイレブラシと便器を一緒に除菌できるので、一石二鳥。ブラシが流れないように気をつけて。

# 洋室

家族の幸せを願うなら
人の集う場所を清浄に保つ!

フローリングの部屋は
ほこりの除去がポイント。
ペーパーモップや化学繊維のはたきなどを
活用して手軽にお掃除を。

**Q** 洋室を掃除すると
どんなご利益があるの?

**A** 健康で穏やかに過ごせ
幸運につながります

　洋室タイプの部屋は、リビング、寝室、子ども部屋などいろいろあります。どの部屋も毎日の生活に欠かせない場所で、くつろいだり、休息をとったりするための大切な空間です。

　家を守るための神さまたちが集まりやすいところでもあるので、こういった場所を清浄に保つと、家族運がアップし、さまざまな幸運パワー

がみなぎってきます。

　収納スペースがあれば、そこも忘れず整理整頓をしましょう(P166参照)。財産を守る納戸神(なんどがみ)が喜び、財運アップにつながっていきます。

105

**Q** ベタつく床。どうしたら
スッキリするの？

**A** お酢スプレーで拭き掃除を。
さっとかけるのがコツ

ほこり掃除をしたあとに、さっとお酢スプレーをかけながら拭き掃除をします。ペーパーモップのシートをぞうきんや水拭き用につけ替えれば、立ったままで拭き掃除が可能。落ちにくい汚れは、やわらかいスポンジでこすります。

---

**Q** 床のほこりがすぐに
たまってしまう…

**A** リビングにたまったほこりは
家族運ダウンの始まり。
ペーパーモップとスポンジで
かんたんお掃除を

普段のお掃除はペーパーモップで目につくほこりを除去。朝起きてすぐ、帰宅後すぐなど、部屋の中が静かな状態で、ほこりが床に舞い降りているうちに行います。時間がないときは、ほこりがたまりやすいところを狙って行うと効果的。家電まわりや家具の上も、市販のハンディ

モップで拭き掃除をしましょう。

床にこびりついた汚れを見つけたら、

ぬらしたやわらかいスポンジを使って、

キュキュッと拭き取ります。

## ほこりがたまりやすいのはココ！

テレビやパソコンなどの
家電まわり

部屋の四隅

テーブルやイスの下

ベッドの下と
周辺

タンスの上と裏側

ソファの下と裏側

廊下の端

エアコン掃除って大変そう…

**A 湿ったスポンジで
ほこりを取り除けば○K**

エアコン掃除はコンセントを抜いてから行いましょう。

まずは、水にぬらした二層スポンジをしっかりしぼり、やわらかい面でエアコンの外装のほこりを拭きます。前面パネルを開け、パネルの内側のほこりも湿ったスポンジで拭きます。

次に、フィルターを取り外し、ゴミ袋の中でペーパーモップのシートを使い、ほこりを落とします。ほこりを除去した

ら水洗いし、完全に乾かしてから装着します。20〜30分送風運転をしてから、通常通りに使います。

**1** スポンジのやわらかい面で
外装のほこりを拭き取る。

**2** フィルターのほこりを
取ってから、水洗いする。

**3** 乾かしたフィルターを
装着したら、20〜30分の
送風運転を。

やわらかい面

**Q** カーペットのゴミが
掃除機でも取れない！

**A** ゴム手袋をはめてかき集める

髪の毛やペットの抜け毛などカーペットに絡みついたゴミは、ゴム手袋をはめてお掃除を。　手袋のザラザラした面で、なでるようにかき集めるとよく取れます。

**Q** 洗えないカーペットは
どうしたらいいの？

**A** 重曹を振りかけて掃除機を。
布ソファもこの要領で

カーペットに重曹をそのまま振りかけ、二層スポンジの堅い面を使って全体にいきわたらせます。そのあと、掃除機で重曹を吸い取れば、ほこりやにおいが取れます。布製のソファも同じように掃除できます。

**Q** カーテンが何かくさい！

**A** 思い切って洗ってみましょう

布製品には生活臭が染みつきやすいもの。水洗い可能のカーテンはフックを外し、ひだに沿って畳んでネットに入れ洗濯機で洗えます。最大水量で弱回転、脱水は30秒程度で。すすぎの際、キャップ1杯のリンスを入れると静電気予防になります。乾燥はいつも通りにレールにかけて自然乾燥で。

**Q** 掃除機をかけるといやなにおいがしてくる！

**A** 粉石けんを吸わせてさわやかな香りを

掃除機のにおいの元は、掃除機内にたまったゴミ。まずは、ダストボックスの汚れを拭き取ることが大切です。

大さじ1杯程度の粉石けんを吸わせておくと、さわやかな香りが持続します。

**Q** 白い壁がうっすら汚れてきた…

**A** 壁にもお酢スプレーが活躍。
手あかは消しゴムで

壁にポツポツ黒いカビを見つけたら、まずは軽くお酢スプレーを吹きかけ下処理をします。その後、台所用洗剤を少し混ぜた水でカビを拭き取りましょう。壁に水分と洗剤が残らないように、から拭きも忘れずにします。

壁に黒く残る手あかなどは、消しゴムできれいに消せます。小さな子どものいる家庭は、大人の目線よりも低い位置をチェックすることが大切です。

たばこのヤニにもお酢スプレーが有効です。壁に吹きかけ、湿らせた布で拭き取ります。

### 手あか

手あかは
消しゴムが◎

手あかは消しゴムで。
大人目線よりも
下をチェック。

### カビ・たばこのヤニ

お酢1：水4
お酢スプレーが◎

お酢1：水4の
お酢スプレーで
カビやヤニを除去する。

**Q** パソコンやテレビのコードに
ほこりがつもってしまう…

**A** やわらかいスポンジに
切り目を入れてほこりを除去

コードを包むようにスポンジを持って拭くとよいでしょう。やわらかなスポンジはどんな形にもフィットします。切り目を1本入れるとさらに効果大。照明器具のフ

ードも同じようにお掃除できます。照明は電源を切って、コードは大元のコンセントを抜いてから。

**Q** リモコンの細かい部分の
ほこりがなかなか取れない！

**A** キューブスポンジを使うと
簡単にスッキリ

テレビやエアコンなどのリモコンにたまるほこりには、キューブスポンジを活用しましょう。スポンジを小さく切り分け、さらに切り目を入れると、細かい部分のほこりを除けます。

1　スポンジを6等分に。

2　小さいキューブスポンジに切り目を入れる。

**Q** 細かいものが多くて
ゴチャゴチャしてしまう!

**A** トレイに載せて
1カ所にまとめると
掃除も簡単

写真立てや雑貨などリビングには細かいものが集まりがち。数よりも質を重視

し、厳選して飾ることが大切です。

リビングのいちばん目につきやすい場所をギャラリーにし、選んだものをトレイにまとめて置きましょう。お掃除のときは、トレイを持ち上げるだけでラクにできます。

← トレイの上に飾る

# 神さまお掃除

# 和室

清らかな和室で
神さまを心地よくもてなす！

守ってくれる
神さまマップ

大年神（おおとしがみ）

和室

天照大神（あまてらすおおみかみ）

納戸神（なんどがみ）

志那都比古神（しなつひこのかみ）

畳のある和室は
湿気とダニ対策が重要です。
畳にはしっかりと掃除機をかけ、
部屋全体の除湿を心がけましょう。

**Q** 和室をきれいにすると
どんな運がよくなるの？

**A** 家族運、健康運がアップし
家全体の運を高めます

　和の空間は、神さまにとっても落ち着ける場所。和室がきれいだと、いつまでも心地よく滞在してくれます。特に畳を清潔に保つことで、神さまが喜び、対人運などがよくなってきます。

　大年神（おおとしがみ）や天照大神（あまてらすおおみかみ）は、家族の健康、家全体の運を守ってくれます。押入がある和室なら納戸神（なんどがみ）が財産を守り、金運を高めてくれますので、押入の整理整頓をし

ましょう（P166参照）。
和室は特に湿気に弱い空間です。風を通し、いつでも清々（すがすが）しい空気が流れるようにしましょう。

## Q 畳の基本的な掃除方法は?

## A 掃除機がけ＋から拭きが基本

畳の目に沿って掃除機をかけ、ほこりを吸い取ったあとに、布でから拭きします。年に1度、天気のよい日に畳を上げ、風を通すとダニやカビの予防になります。

畳がベタつくときは、水気をきったプチバスタオルで拭き掃除を。畳は湿気を嫌うので、プチバスタオルは手でしぼるより、洗濯機の脱水にかけるほうがおすすめ。水拭きのあとは、から拭きでしっかり水分を拭き取ります。

畳のベタつきが気になるときは、掃除機がけとから拭きの間に水拭きをプラス。

**Q** 畳の部屋を清々しくする
効果的な方法は？

**A** 粗塩をまいたお清め掃除で
心身のやすらぎを得ましょう

畳に粗塩をまいて、プチバスタオルでかき集めるようにして拭きます。目に詰まった細かいゴミも塩と一緒に取れお清めされます。塩の残りが気になるようなら、掃除機をかけましょう。

**Q** 畳に液体を
こぼしてしまった！

**A** すぐに水分を吸い取り
塩でシミを予防します

新聞紙やキッチンペーパーを水分の上に置き、すぐに水分を吸収させます。拭

① 水分を吸収させる

② 塩をまく

いてしまうと水分・汚れが広がるので絶対に避けます。こぼしたところに塩をまき、塩が湿ってきたら二層スポンジの堅い面で畳の目に沿って軽くこすり、掃除機で吸います。

**Q** 畳が古くなって
汚れが目立ってきた

**A** お酢スプレーでさっぱり。
**黄ばみには抹茶を利用**

お酢スプレーでタオルを湿らせて畳を拭きます。除菌効果もあるのでさっぱりします。黄ばみがひどい場合は、水に抹茶を溶かした抹茶水でタオルをしぼり、畳を拭くと多少青みが戻ります。

抹茶水の割合は、コップ1杯の水に抹茶小さじ1杯。

**Q** 障子の桟は
なんとなく掃除が面倒

**A** 絹のはたきは
神さまお掃除にぴったり

ほこりを払う力がある絹のはたきが便利です。はたきは汚れを取り去り、払い清める道具です。まさに神さまのためのお掃除にぴったり。軽く、優雅に清められれます。

絹のはたきで

---

**Q** 障子が日焼けで黄ばみ始めてきた。張り替えが必要?

**A** 応急処置は大根おろしの汁。清浄さを保つなら張り替えて

はけに大根おろしの汁を染み込ませ、黄ばんだ障子に塗ります。乾いてくると多少白くなってきます。ただし、障子の黄ばみは寿命です。部屋を明るくするには、張り替えがいちばん。神さまを迎える気持ちが大切です。

応急処置には
大根おろしの汁

**Q** 自然素材の壁はどのように掃除をすればいい？

**A** 壁材がはがれないように、はたきでほこりを落とします

自然素材の壁は、はたきを軽くかけてほこりを落とす程度でかまいません。漆喰(くい)壁や珪藻土(けいそうど)の壁の手あかは、消しゴムで消すこともできます。水拭きする場合は、固くしぼった布で拭きましょう。

砂壁のような素材は、水拭きはできません。はたきで取れないほこりは、掃除機の先をブラシノズルにつけかえて、やさしくかけましょう。砂壁や繊維壁がは

がれてしまう場合は、木工用ボンドを水で10倍に薄め、壁全体にスプレーすると、ある程度のはがれを抑えることができます。

**Q** 夜は和室に布団を敷いて就寝。湿気対策を教えて！

**A** 敷きっぱなしは厳禁！できるだけ風を通す工夫を

布団は必ず畳んで、天気のいい日は広げて干しましょう。ただし、干した布団をたたくのはNG。ダニをつぶし、吸いやすくしてしまいます。外に干せないと

きはイスにかけて風を通します。ソファ
でもOKです。

畳に敷くときは、布団の下に敷く市販
の除湿シートなどを利用するのもいいで
しょう。新聞紙でも代用できます。新聞
紙の場合はそのつど取り替えます。

干した布団をたたくのはNG！

**Q** 畳にカビが生えてしまった！

**A** 消毒用エタノールで拭き取る

薬局などで市販されている消毒用エタ
ノールで殺菌を。エタノールをプチバス
タオルなどに染み込ませてカビを拭き取
ります。薄めずに使用するので換気をし
ながら行いましょう。

## 神さまお掃除

# キッチン

### 幸運は水まわりから
### さわやかキッチンを目指せ!

守ってくれる
神さまマップ

恵比須・大黒

三宝荒神

弥都波能売神

キッチン

宇迦之御魂神

油はねもシンクの水滴も
「使ったあとは拭き掃除」を習慣に。
日頃のプチ掃除で、
汚れの蓄積を防ぎましょう。

**Q** 毎日使うキッチンは
毎日掃除が必要?

**A** 火と水の神に感謝して、
こびりつきを作らないよう
シンクとガス台を拭きます

弥都波能売神（みづはのめのかみ）は、女性の幸せと健康運を高めてくれる神。三宝荒神（さんぼうこうじん）は家内安全を見守ってくれます。シンクは一日の終わりに何も残さないように。ガス台の吹きこぼしや焼け焦げも、その日のうちにきれいにしましょう。汚れをほうっておくと、こびりつきを作り、神さまも逃げてしまいます。

## Q 食費を節約するだけじゃ
お金はたまらない？

## A グラスを磨くと金運アップ。
重曹でピカピカに

グラスに重曹を振りかけてしばらく放置します。水でぬらした指でやさしくこすり洗いをすると、くすみが消えてピカピカに。キッチンやダイニングは恵比須・

大黒や宇迦之御魂神（うかのみたまのかみ）など豊穣の神さまがいる場なので、ピカピカのグラスで金運も豊かになります。

## Q 汚れがちなシンクを
いつも清潔にしておくコツは？

## A 毎日の後片づけの際に
お酢スプレーで抗菌仕上げ

シンクに洗剤や水分が残っているとシミや汚れのもとに。汚れを呼ぶ水分は気軽に拭き取れるよう新聞紙をカットしたものを常備。お酢スプレーをかけてからカットした新聞紙で拭きます。

お酢スプレーは
お酢1：水4の割合で。

**Q** ショールームのような
ピカピカのシンクにしたい！

**A** 身近な道具で磨けば
幸運パワーもアップします！

ティーバッグで
ぬめりピカピカ

シンクの水気を拭き、乾いたスポンジに食器用洗剤またはクレンザーをつけて

磨きます。10分ほど放置したら水で流して。ピカピカのシンクで、神さまの幸運パワーもより輝きます。

使用済みのティーバッグで拭いてもぬめりが取れます。

**Q** 生ゴミや排水口のにおいはがまんするしかない？

**A** お酢スプレーでにおいを中和。排水口は重曹を振りかけて

抗菌効果のあるお酢は、生ゴミについた菌の繁殖を抑えてくれます。生ゴミの余分な水分を取るために、新聞紙や不要な紙で包んでからゴミ箱に入れましょう。その上から酢1と水4を混ぜたお酢スプレーをかけ、においを予防します。

排水口内のかごには、生ゴミを放置しないようにこまめに捨てましょう。菌が増殖してにおいの原因になります。排水口は水でぬらし、大さじ2〜3杯の重曹を振りかけます。2〜3時間おいたら、熱めのお湯をたっぷり流しましょう。丸めたアルミホイルを入れておくと、金属の力でぬめりの防止になります。

小バエが発生したら、生ゴミだけでなく観葉植物も疑って。

**Q** 洗剤でも落ちない
茶しぶはどうする？

**A** 重曹でこするときれいに除去

湯のみに重曹をふり、ぬれた指でこするとおもしろいように茶しぶが取れます。

ひどい茶しぶは、重曹をひとつまみ入れた熱めの湯につけ置きしましょう。

ピカピカになった！

指でこするだけ！

重曹

**Q** コンロに汚れを
ためないコツはあるの？

**A** 毎日ささっとが基本。
カット新聞紙で手軽に拭き掃除

使ったあとは、時間をおかないこと。油の汚れに新聞紙を置くと吸着してくれるので、ハガキ大にカットしておくと使い捨てできて便利です。

また、ティーバッグを使ったあとは、ついで掃除を習慣に。温かいうちにコンロを拭くと、カット新聞紙やキッチンペーパーで水分が吸い取れ、油汚れが簡単に落ちます。

**Q** コンロを強力な洗剤で掃除すると手が荒れてしまう…

**A** 毎日使う食器用洗剤で泡湿布。油汚れを浮かして取ります

水を3分の1ほど入れたボウルに、食器用洗剤を3〜4滴加え、泡立て器で泡立てます。泡をコンロの汚れた部分に置き、ティッシュをかぶせて10分ほど湿布を。汚れがゆるみ、泡に吸着して落ちやすくなります。

コンロまわりの壁やシンクなどにも使える泡湿布です。

まぜまぜ

食器用洗剤 3〜4滴

泡泡

水をボウルに1/3

**1**
ボウルに水、食器用洗剤を入れ、泡立て器で泡を作る。

泡湿布

**2**
汚れ部分に泡を置き、ティッシュをのせ、10分放置したら、スポンジでこすりながら汚れとティッシュを取り除く。

**Q** 焦げてしまった鍋は
もう使えないの？

**A** メラミンスポンジを
小さくカットして使い捨てに

鍋の焦げつきはメラミンスポンジで磨くのが効果的です。小さくカットしておけば、使い捨てでOK。汚れ・焦げつきがひどいときは、重曹を振りかけて1時間ほどおいてからスポンジでこすると、焦げもきれいに取れます。

ただし、重曹は、アルミ製品やテフロン加工製品には使えないので気をつけましょう。

メラミン
スポンジが
便利！

すぐ落ちくん

ありゃ～

**A** 網や受け皿だけでなく
庫内の掃除も忘れずに

グリルの網や受け皿は洗っても、庫内はそのままという人も多いのでは。ここに油などがたまり、汚れが蓄積しているとにおいの元となります。

庫内の掃除には重曹ペーストを使います。重曹3に水1の割合で混ぜ合わせた重曹ペーストをスポンジに取り、庫内を磨きます。汚れが浮き上がってきたら、水でしぼったプチバスタオルで重曹を拭き取ります。

アルカリ性の重曹は油汚れに効果的で、研磨・消臭効果もあるのでグリル掃除にはベストです。

重曹

スポンジ

**Q** 食器棚や冷蔵庫の上が
油とほこりでべとべとに

**A** 重曹水を使って拭き掃除を

油汚れにはアルカリ性の重曹が効果的です。水500ccに大さじ2杯の重曹を溶かした重曹水を作ります。重曹水でしぼったプチバスタオルで、汚れ・ほこりを拭き取ったあとに、水でしぼったプチバスタオルでもう一度拭きます。

**Q** シンクと作業台の継ぎ目に
いつのまにか黒カビが！

**A** 重曹＋古歯ブラシで
カビ汚れをかき出します

システムキッチンのシンクと作業台の継ぎ目は見えにくく、知らない間に汚れがたまるところ。黒カビなども出てきます。古歯ブラシに重曹をつけて、かき出すように磨きましょう。磨いたあとはぬれプチバスタオルで拭き取ります。

**Q** スポンジ、ふきんを
気持ちよく使うには？

**A** スポンジはお酢スプレーで、
ふきんは熱湯消毒が安心

スポンジは水気をしぼってから、お酢スプレーをかけます。2～3分おいて、水ですすいでしぼります。

ふきんは鍋に水とともに入れ、食器用洗剤を1、2滴加えて煮ます。沸騰したら火を止め、菜箸などで取り出し、水ですすいで乾かしましょう。天日干しができればベストです。

熱湯消毒＋天日干しで
スッキリきれいに！

お酢スプレーをかけて
2～3分おいてなじませる。

**Q** 排水口のまわりに
ぬめりが出てきた！

**A** 重曹でスッキリさせましょう

排水口や排水口内のかごは、油断する
といつのまにかヌルヌル状態になってし
まいます。重曹を振りかけ、カットした
新聞紙を丸めて汚れをかき出します。新
聞紙を敷い
て作業する
とシンクを
汚さずゴミ
と一緒に捨
てられます。

重曹

**Q** プラスチック容器や
お弁当箱のにおいがとれない

**A** たっぷりの洗剤と
お酢スプレーでにおいを除去

台所用洗剤を
たっぷり
つけて
拭く

水に浸して1時間以上
おく

プラスチック容器ににおいが残ってし
まったときには、台所用洗剤をキッチン

133

ペーパーにたっぷりつけて拭き、そのまま容器を水に浸して1時間以上おきます。においが強い場合には、すすいだあと、さらにお酢スプレーをかけるとよいでしょう。

まな板のにおいが気になる

A 消臭は粗塩、消毒は熱湯で

まな板ににおいがついたときは、次の手順で。まず食器用洗剤の泡をたっぷり置き、汚れを吸着させます。消臭は、まな板に粗塩をかけてこすります。たわしを使うと切りあとの溝にも塩がいきわた

素材を切ったあとについた溝にも、
しっかり塩をいきわたらせてこする。

ります。塩を水で流し、熱湯をかけて消毒。早く乾くように立てて保管します。

**Q** まな板が黒ずんできた！

**A** レモンを使って漂白を。なければお酢やクエン酸で

洗ったまな板に、レモンの切り口をまんべんなくこすりつけ、30分ほどおきます。漂白と殺菌効果があります。レモンがなければお酢かクエン酸でもOKです。

黒ずみに効く！

レモン

**Q** 水栓まわりにヌルヌル汚れが…

**A** お酢スプレー湿布でヌルヌル水あかを除去

水4に対してお酢1のお酢スプレーを吹きかけ、ティッシュペーパーを貼りつけて湿布します。30分ほどおき、汚れを拭くようにしながらティッシュペーパーを取ります。水で流したあとに、乾いた布でから拭きします。

水4　お酢1

リュッ リュッ

**Q** 電子レンジはどうやって掃除すればいいの？

**A** 重曹水をチンして湯気で汚れを浮かせます

耐熱容器に重曹水を入れレンジで1分加熱します。目安は180ccの水に重曹小さじ1杯程度。

さめたら庫内の湯気を拭き、重曹水をキッチンペーパーにつけ、全体を拭き掃除します。

水180cc ＋ 重曹小さじ1

---

**Q** 換気扇をささっと掃除したいけれど…

**A** かための泡湿布で浮き上がった汚れを拭き取る

ボウルに食器用洗剤2〜3滴、水を100cc程度入れ、泡立て器で泡立てます。でき上がったかための泡を取り外した換気扇の部品に置きティッシュをかぶせます。10〜20分おいて汚れ

泡湿布！

が浮き上がってきたら、ペーパータオルかプチバスタオルで泡を拭き取ります。

**Q** 電気ポットの中に白っぽい固まりができてきた

**A** 電気ポットにたまる石灰分はお酢水を沸かして除去します

水1ℓ ＋ お酢 大さじ1

ひと晩おいて洗ってね!

水1リットルに対してお酢大さじ1杯の割合のお酢水をポットに入れて沸かします。保温のままひと晩おいたらお湯を捨て、スポンジで中をこすり、水でよく洗い流します。スポンジで掃除するときは電源を抜いてから行います。

**Q** 丸ごと洗えない炊飯器はどう掃除する?

**A** 洗えない部分は固くしぼった布で水拭きします

内ぶた、内釜など取り外して洗える部分は、使用後に水洗いします。日常的に

使っているものなら洗剤なしでOKです。炊き込みご飯など油が加わったときは、食器用洗剤で洗います。洗ったあとは、しっかりと水分を拭き取ってから設置します。

においが気になるときは、1合炊きの水位まで水を入れ通常炊飯します。やけどに気をつけ、内釜やお湯が十分に冷めたのを確認してから洗い、しっかりと乾かします。

本体や釜の収容部など洗えない部分は、水をしぼった布で水拭きすると汚れは落ちます。電化製品なので、できるだけ固くしぼりましょう。

**Q** 冷蔵庫をスッキリさせたい！

**A** お酢スプレーで拭き掃除を

庫内はお酢スプレーで☆

取り外せる部分は、食器用洗剤で洗い、十分乾かします。パッキンなど細かい部

分はわりばしにプチバスタオルを巻いて、ゴミをかき出すようにして拭きます。

庫内はお酢スプレーをかけたプチバスタオルで拭きましょう。除菌され気持ちよく使えます。

**Q** 麦茶用のプラスチックポットに白い斑点が…。これ何？

**A** 水のカルキ成分です。お酢の力で落としましょう

麦茶ポットは、飲みきったらそのつど食器用洗剤で洗いますが、きちんと洗っていても、いつの間にか出てしまう白い斑点があります。正体は水に含まれるカルキで、石灰分です。害はありませんが、ほうっておくとその部分に雑菌が繁殖してくることもあるので、できれば除去しておきましょう。石灰分には酸性のお酢を使います。

麦茶ポットに、お湯1リットルに対してお酢大さじ1杯を入れ、お湯が冷めるまで放置します。あとは、スポンジでこするだけでOKです。

お湯1ℓ
＋
お酢大さじ1

## Q 食器を効率よく収納したい！

## A 種類別・用途別に分類して収納場所を区別しましょう

食器の分類方法には下のイラストのようなものがあります。分類方法は、日常用・来客用の目的別に分け、さらに形状別や色別にするなど、いくつかを組み合わせてもかまいません。食器収納のポイントは、清潔で、取り出しやすいことです。清潔さを保つには、扉つきの棚や、引出しに収納するのがベストです。オープン棚に食器をそのまま置く場合は、布をかけ、ほこりを寄せつけないようにします。

### 食器の分類方法

分類❶
大、中、小の大きさ別。

分類❷
深いもの、浅いもの、ガラスの形状別。

分類❸
和食（小鉢や漆器）、洋食（平皿）、中華（丼）など用途別。

分類❹
白や青、色ものなど色別。

## 取り出しやすい食器収納のコツ

小振りの食器、取り皿など使用目的が同じものは、種類ごとにカゴにひとまとめにする。

引出しタイプの収納スペースは、重ねるよりも、列で並べる。

奥行があるスペースでは、同じ種類のものを、手前から奥へと縦に並べる。

高さがあるスペースは、コの字ラックなどで高さを分割する。

# 浴室

健康で美しくあるために
浴室は清浄な空間にする！

守ってくれる神さまマップ

弥都波能売神（みづはのめのかみ）

浴室

火之迦具土神（ひのかぐつちのかみ）

志那都比古神（しなつひこのかみ）

湿気が残ると、ヌルヌルやカビの原因に。
つねに換気を心がけ、
汚れは見つけたらすぐに除去。
広げないことが大切です。

**Q** お風呂掃除をすると
どんなご利益があるの？

**A** 疲れを取り英気を養う浴室は
健康・美容・仕事運がアップ

入浴は一日の疲れを取り、明日の英気を養ってくれるもの。浴室は、健康運と美容運、仕事運を司る神さまが守ってくれる場所です。ていねいに掃除し、塩を入れて清めたきれいな湯につかり、パワーを高めてください。

塩は、粗塩を大さじ1杯程度、または、バスソルトで香りを楽しむのもおすすめです。

汚れがたまった浴室では疲れも取れない。
念入りに掃除して心も体もパワーアップ！

**Q** 目地にみつけた小さい黒カビ　少しくらいなら問題ない？

**A** カビは病原のひとつ。健康運がダウンする合図です

出てしまったカビ菌はほうっておくと、どんどん増え、悪臭の原因にもなります。また入浴中にカビ菌を吸うことで病気を引き起こします。浴室はリラックスして体を清浄にする場です。すぐに掃除して清潔に保ちましょう。

カビ!?

**Q** カビ予防のためには？

**A** 汚れと水分を残さず、換気を十分に行います

カビ発生の原因は、湿気、高温、汚れです。入浴後は浴槽の湯を排水しましょう。洗濯などに使うため残す場合は、必ずふたをしておきます。浴室から出る前には、シャワーで壁や床を流し、石けんカスなどが残らないようにすることも大切です。そのあとは、スポンジで水気をさっと取り、換気扇を回します。シャンプーなどのお風呂グッズは、最小限のものを置くようにします。床や棚

に直接置かず、水切れのいいカゴに入れて吊るしておくと、カビ・ぬめりを防げます。

**Q** バスタブの湯あかはどうしたら取れる？

**A** 湯あかがあるときはキッチンペーパーでお酢パックを

湯あか部分にお酢スプレーを染み込ませたキッチンペーパーを貼りつけます。アルカリ性の湯あかや石けんカスは、酸性のお酢と中和され、こすらなくても汚れが落ちます。汚れがひどい場合は、重曹を振りかけてからお酢スプレーをかけ、スポンジでこすります。

キッチンペーパー

お酢スプレー

お酢 1 ： 水 4

軽い汚れなら
こすらなくてもOK。

145

**Q** 浴室のあちこちに
赤いヌルヌルができてきた

**A** ぬめりの元になる酵母菌は
お酢スプレー＋スポンジで

つねにぬれたままにしておくと発生してしまうのが、赤色酵母菌のロドトルラです。ぬめりの原因でもあります。お酢スプレーをかけ、スポンジで拭き取りましょう。

お風呂上がりに浴室の水分をスポンジでさっと拭いておくと乾きが早くなり、酵母菌発生の予防にもなります。

なんか ピンク色の
やつが…

ヌル

ヌル

ヒヒ…

赤色
ロドトルラでーす

146

**Q** 浴室の椅子や湯おけが
白く汚れてきた

**A** 軽い汚れはお酢で、
落ちにくい場合はクレンザーで

湯おけやタイルなどに残る白い汚れは、水分中に含まれるカルシウム成分。軽いものであれば、お酢スプレーを吹きかけ、スポンジでこすります。それでも落ちない場合は、クレンザーをかけ二層スポンジの堅い面でこすります。

お酢スプレー＆スポンジ

しつこい場合は、スポンジの かたい面で

**Q** シャワーヘッドを掃除したい

**A** 重曹酢の湿布がおすすめ

シャワーヘッドに重曹を振りかけて、ティッシュで包み、その上からお酢スプレーをかけます。2～3時間放置し、ティッシュでこするように拭きます。シャワーを出し、穴に詰まった重曹や汚れを流します。

重曹

プラス

お酢
スプレー

**Q** 床や天井にカビを
生やしてしまったら…

**A お酢スプレーと重曹で
こすり取りましょう**

カビ部分にお酢スプレーをたっぷり吹きかけ、その上から重曹をかけます。発泡した重曹を古歯ブラシでまんべんなくすり込みます。3〜4時間放置したあと、古歯ブラシでカビをこすり取るように磨き、水で十分に洗い流します。

天井の場合は、柄つきのブラシに重曹ペーストをつけ、こすります。重曹ペーストは重曹3に対し水1の割合で。3〜

1 お酢スプレー
を吹きかける。

2 重曹を振りかけ、
まんべんなくすり込む。

**3**

3〜4時間放置し、
古歯ブラシでこすって、
水で流す。

**重曹3 + 水1**

重曹ペーストは、
重曹3：水1の割合で
混ぜ合わせる。

4時間放置したら水で十分に流します。

カビ掃除を行う場合は、カビの胞子が飛び散ることがあるので、マスクをして行いましょう。

**Q** お酢も重曹も効かない ガンコなカビを取りたい！

**A** 塩素系カビ取り剤は、 こすらないのがポイントです

どうしても取れないカビには、市販の塩素系カビ取り剤を使う方法もあります。

塩素系カビ取り剤を使うときは、使う場所の水分を取り、カビ取り剤をつけた部分はこすらずに放置するのがポイントです。最後は水で十分に流します。

使用については、それぞれの商品に記載された注意書きをきちんと守ってください。

奥の手

こうなったら

塩素系カビ取り剤

**Q** すのこはどう掃除する？

**A** 汚れてきたら
お酢スプレーをかけ、
最後はから拭きで

使用したすのこは、敷きっぱなしにせずに、立てかけておきましょう。乾燥させることでカビなどを防ぎます。

ぬめりやカビが発生してしまった場合は、お酢スプレーを吹きかけて、たわしなどでこすり落とします。水で流したあとは、乾いた布でから拭きして仕上げます。

---

**Q** 風呂釜のお掃除の目安は？

**A** 1〜2カ月に1度
残り湯と重曹を使います

残り湯が、風呂釜の穴より5㎝程度上の位置にくるように調整します。そこに重曹を1カップ入れ、追い焚きし、そのままひと晩おきます。

翌日排水し、もう一度同じ位置まで給水します。3分ほど追い焚きして、風呂釜内の水を浴槽に循環させてから排水します。最後に浴槽を洗ってすすげば、風呂釜も浴槽もスッキリです。

**1** 残り湯は穴の上5cmくらいにする。

**2** 重曹を1カップ入れ、追い焚きする。

**3** ひと晩おいたら排水し、同じ位置まで給水。

**4** 3分追い焚きし、排水する。

**Q** 排水口の詰まりはどうする？

**A** 重曹を酢で発泡させて
においも、詰まりもスッキリ

排水口の部品を外し、ゴミを取り除いたら、部品に重曹を振りかけてスポンジでこすり洗いします。排水口の中には、重曹1カップを振りかけ、お酢スプレーをかけます。10分ほどおいたらもう一度重曹を振りかけ、ぬるめのシャワーで十分に流します。詰まりとにおい、どちらも解消できます。

大量の髪の毛がパイプに入って詰まってしまうと、業者に頼むしか解消方法がありません。そうなる前に、排水口用の髪の毛キャッチャーなどを活用して詰まりを予防しましょう。

**1** 取り外せる部品は
分解し重曹で洗う。

**2** 重曹1カップを入れ、
お酢スプレーをかけたら
10分放置。

**3** 再び重曹をかけ、
ぬるめのシャワーで流す。

**Q** きれいなはずなのにくさい！

**A** 浴室以外の部分に目を向けて

においの元は浴室内だけではありません。足拭きマットやドアの通気口のほこりなどが、においやカビの原因になっていることもあります。

マットはぬれたまま床に置きっぱなしにせず、使用後は簡易干しします。細菌やカビの温床になりやすいため、定期的に洗濯して替えましょう。ドアの通気口やサッシにたまったほこりは、綿棒をすべらせて取り除きます。

きれいに見えても、
思わぬところが
においの元に
なっていることも！

# 洗面・脱衣所

## 女性の美を司る洗面所
## 汚れをためないようにする！

守ってくれる神さまマップ

弥都波能売神
（みづはのめのかみ）

洗面・脱衣所

志那都比古神
（しなつひこのかみ）

使ったあとのプチ掃除が
汚れをためないポイント。
基本は水滴を残さない拭き掃除。
年に1度はしっかり掃除もおすすめ。

**Q** 洗面所の掃除は
どんな運勢に関わるの？

**A** 美人度アップから
恋愛運も高まります

洗面所を守る水神は女神です。女性や子どもに関わるご利益があり、子宝や安産、女性の美しさを象徴しています。特にくもりのない鏡、水滴のない洗面台、よどみのない空気は、使う人の美しさをパワーアップさせることでしょう。

外見だけでなく内面も磨かれ、恋愛運アップにもつながります。

155

**Q** 鏡に細かい汚れがいっぱい

**A** めがね拭きで拭き掃除。
ひどい汚れはお酢スプレーで

めがね拭きで鏡を拭くと、歯みがき粉や水はね、手あかなどの汚れもきれいに取れます。

白いうろこ状の汚れが落ちない場合は、お酢スプレーをかけてティッシュで湿布します。1〜2時間放置したら、ティッシュを取り、水拭き→から拭きで仕上げます。

**Q** 洗面台の普段の
お手入れは？

**A** スポンジを使って
水滴を取っておくだけで十分

通常のスポンジを6つにカットした、ミニスポンジを洗面台に常備しておきましょう。洗面台を使ったあと、スポンジ

で水滴を拭き取っておきます。少しの汚れなら、スポンジの堅い面で拭けばOKです。

洗面台を使ったら水滴を拭き取るのを習慣にしておけば、きれいを保てる。

ミニスポンジがあると便利

**Q** 洗面ボウルが白っぽくざらついてきた

**A** 白いざらつき汚れは重曹＋お酢湿布で落とします

汚れ部分に重曹を振りかけ、お酢スプレーをかけます。5分ほどおいたあと、二層スポンジの堅い面で磨きます。

最後は水で十分に流してください。

お酢スプレー

お酢1：水4

**Q** 洗面台にヘアピンを置いたらサビが残ってしまった！

**A** クリームクレンザーでやさしく磨きます

クリームクレンザーをつけ、スポンジで磨きます。強くこするとキズが残ることもあるので、軽くこすり、最後に水拭きをします。時間が経つと、茶色のシミになって取れにくくなるので、気づいたらすぐ落としましょう。

**Q** 排水の流れが悪くなった

**A** 排水口のゴミ受けをチェック

排水口の栓になっているゴミ受けが詰まっている場合は、髪の毛などのゴミを取り除きます。網状の部分は、古歯ブラシでこすり、ぬめりなどを取ります。

それでも詰まりが解消しない場合は、排水口に重曹1カップを振りかけ、お酢

158

1カップを少しずつ流し重曹を発泡させます。そのまま1〜2時間おき、ぬるま湯をたっぷり流します。

こうすることでパイプの詰まりが取れ、においも解消されます。

ゴミ受けの
ゴミを取り除き、
古歯ブラシで
こすり洗いする。

重曹1カップ

お酢1カップ

パイプが詰まっている場合は、
重曹1カップを振りかけ、
お酢1カップを少しずつ流す。

**Q** 脱衣所の床がいつも湿っていて気になる

**A** 足拭きマットでついで掃除を

ついでにフキフキ（

家族全員が使ったあと、足拭きマットで床全体をざっと拭いておきましょう。マットはそのまま洗濯機へ。マットを敷きっぱなしにしているとカビの原因になります。

マットはタオル素材のものが洗いやすく、扱いやすいでしょう。

**Q** 化粧品の液だれなどでキャビネット内が汚れる

**A** トレイを使って収納し液だれはすぐに拭き取ります

液だれや石けんの飛びちりは、その場ですぐに拭き取ります。輪ジミになってしまった古い汚れは、コットンに除光液をつけて拭き取ると、きれいになります。

化粧品などはトレイに載せたものを棚に収納しておくと、掃除をするときもラクです。

トレイに収納

液だれは
すぐ拭く

化粧品はトレイなどに
まとめておけば、
収納も掃除もしやすく
一石二鳥！

**Q** ヘアブラシやメイク用パフを
いつも気持ちよく使いたい

**A** 重曹水やハンドソープで
スッキリさせましょう

ヘアブラシは、水1リットルに重曹大さじ1杯の重曹水に1時間ほどつけておくと、細かい部分の汚れも落ちます。

パフについた

ブラシ類は
1時間つけおくと
スッキリ！

水1ℓに
重曹大さじ1

ファンデーションや粉は、ハンドソープか浴用石けんをつけてもみ洗いします。水でよくすすいだら、きっちりしぼって乾燥させましょう。

**Q** 洗面所の収納は小物が多く掃除がしづらい！

**A** ものを詰め込みすぎず、年に1度は大掃除をして

戸がついているキャビネットも、中にほこりなどがたまります。気づいたときに拭き掃除をして、年に1回は、ものの整理も兼ねて掃除をしましょう。

収納されているものを全部取り出します。水1リットルに食器用洗剤小さじ1杯を溶かし、浸したプチバスタオルを固く

細かい部分は、わりばしに布を巻いて。

食器用洗剤小さじ1

水1ℓ

洗剤水に浸したプチバスタオルは固くしぼってから拭き掃除を。水拭き→から拭きで仕上げる。

しぼります。これで全体を拭き掃除します。細かい部分はタオルをわりばしなどに巻くか、綿棒で掃除します。水拭きで洗剤を落とし、最後にから拭きをします。

洗面台下の収納は、湿気がこもりやすい場所なので、しばらく戸を開け完全に乾いてから、ものを入れましょう。

## Q 防水パンがすぐに汚れる！

## A 掃除機をかけ、プチバスタオルで拭き掃除を

洗濯機を載せている防水パンはほこりや抜け毛がたまりやすい場所。普段は、

掃除機で吸い取り、水気をしぼったプチバスタオルで拭き掃除します。

排水口は、部品を分解し、重曹水につけて古歯ブラシなどでこすり洗いをします。すすいで、から拭きをしてから元に戻します。

掃除機で吸ってプチバスタオルで拭く

**Q** 洗濯機の細かなところは
どうやって洗えばいい？

**A** 洗剤投入口など細かい部分は
わりばしを活用します

わりばしにぬらしたプチバスタオルを
かぶせて、鉛筆のように持ちます。水1
リットルに重曹大さじ1杯を溶かした重
曹スプレーをかけながら、洗剤の投入口
や洗濯機の縁など細かい部分をお掃除し
ましょう。

細かい
部分は任せて！

---

**Q** 洗濯槽の汚れを取りたい！
重曹でゴミを浮かせます

**A** 重曹でゴミを浮かせます

洗濯機に水を張り、重曹を1カップ入
れます。「洗い」機能で洗濯機を5～6
分回したら、そのままひと晩放置します。
翌朝ゴミが浮かんでくるので、100円
ショップなどに売っているお風呂用のゴ
ミ取りネットでゴミを取り除き、排水し
ます。

洗濯をするときは、洗剤のほかにカッ
プ2分の1の重曹を入れると水がやわら
かくなり、洗濯物の汚れが落ちやすくな
ります。

## 洗濯槽をお掃除しよう!

**1** 水を張った洗濯機に重曹を1カップ入れる。

5～6分回して

ひと晩おく

**2** 洗濯機を5～6分回し、ひと晩おく。

**3** 浮かんできたゴミをゴミ取りネットで取り、排水する。

# 収納場所

必要なものだけを収納して
幸運・金運をアップさせる！

守ってくれる神さまマップ

収納場所

納戸神（なんどがみ）

収納場所

志那都比古神（しなつひこのかみ）

不必要なものをいさぎよく処分することが
運気アップのポイント。
ものを収納する場所は、
通気と除湿対策が重要。

**Q** 納戸が不要品だらけで
開かずの間になっている

**A** 大切なものをしまう場所は
神様がやどるところです

納戸や押入は、とりあえずのもの置き場となって、気がつくと、中は不要品ばかりということもよくあるようです。しかし、もともと納戸は大切なものをしまうところ。納戸神に守られる神聖な場所です。不要品ばかりの納戸や押入では、神さまも守りがいがなく、出て行ってしまいます。

納戸神は家に幸運をもたらし、財運を

アップさせてくれる神さまです。収納場所には、普段使いしないけれど必要なもの、季節のもの、ずっと使い続けたいもの、大切なものを入れるよう中身を吟味しましょう。

. . . . . . . . . . . . . . . . . . . . . . . . . . . . . . . .

**Q** 押入の上手な使い方がわからない…

**A** 使用頻度、重量で収納場所を分類しましょう

押入は意外にたくさんのものが入る場所ですが、ぎゅうぎゅう詰めにしてしまうと、カビの原因になります。風通しが

奥行のある引出しや、キャスターつきの棚や台があると、押入の奥行を有効活用できる。

よくなるように、適度な余裕をもたせて収納しましょう。使わないものや捨てられないものを押し込む場にしてはいけません。

収納のコツは、軽いものを上に、重いものを下に置くこと。また、季節用品や使用頻度の低いものは奥に、よく使うものは30㎝ほど戸を開けてすぐ手が届く位置に置きます。

押入は奥行があるので、引出しタイプのケースや、キャスターつきの棚などがあると活用度が高まります。重いものも、キャスターつきの台に載せて収納すると、取り出しやすくなります。

重いものは下段に、軽いものは上のほうに収納。よく使うものは取り出しやすい位置に置く。

**Q** 戸を閉めているのに
押入の中がほこりだらけ！

**A** 季節の変わり目に
ほこりを一掃しましょう

布団や衣類をしまうことの多い押入は、意外にほこりのたまりやすい場所です。天気のよい日に、衣替えや季節品の出し入れを兼ねて掃除するといいでしょう。

まずは中身を全部出し、四隅までしっかり掃除機をかけ、棚板は固くしぼったプチバスタオルで拭きます。数時間おき、拭いたあとが完全に乾いてから、中身の収納を。布団は窓辺におくだけでも湿気

除去の効果大です。
季節外の布団や客用の布団は、圧縮して袋に入れておくと、省スペース＆ほこりよけになります。

**Q** 押入は湿気がこもりがち。
においも気になる

**A** 風を通すために押入すのこや
扇風機を活用

押入内の通風を確保するためにすのこを使います。床面に置くほか、壁面にも立てかけると湿気を防ぎます。すのこと床・壁の間に丸めた新聞紙を置くと、よ

扇風機で風を送るのも効果的。
左右から戸を開けて、
空気を循環させる。

すのこは
床面と壁面に置いて、
丸めた新聞紙をはさむと
通風・除湿できる。

り除湿効果が。新聞紙は湿ってきたら取り替えます。湿度の高い時期は、押入の戸を左右から開け、一方から扇風機を当てて風を通します。

市販の除湿剤も効果的です。半年に1度は交換しましょう。

### Q 押入にカビが発生！どうしたらいいの？

### A サンドペーパーでこすり エタノールで消毒を

カビはほうっておくと増殖してしまいます。発見したらすぐに除去しましょう。

まずは、カビに直接消毒用エタノールをスプレーし、ぬれプチバスタオルで拭き取ります。乾いたら、目の細かいサンドペーパーか木工用ヤスリで黒い部分を削ります。

削り跡はから拭きしたあと消毒用エタノールをスプレーしておけば、カビを予防できます。

カビ!?

Q クローゼットに<br>服が収まりきらない！

**A ハンガーの数を限定し、<br>神さまのスペースも忘れずに**

クローゼットが整理されていない人は、服選びも苦手です。あふれるほどあるのに、毎朝「着る服がない！」となげくのもこのタイプ。神さまも居場所がなくてなげいています。

服を整理するためには、まずハンガーを薄手のものにそろえます。数も服をかけて片手ですっと取れるだけに限定しましょう。色別や長さをそろえるなど、

172

自分で取り出しやすいかけ方のルールを作ると、服の管理もしやすくなります。

ぎゅうぎゅう詰めでは、風も入らず、神さまも逃げてしまいます。

**Q** クローゼットをもっと有効に使うには？

**A 気の通りをよくして　小物も上手に収納しましょう**

衣類は、丈をそろえてハンガーにかけます。これだけで気の通りがよくなり、運気アップにつながります。丈の短い服の下にできた空間に収納カゴなどを置くと、

1回着用では洗濯しないもの、手袋やマフラーなどの小物を収納できます。

クローゼット扉の裏面に市販のタオルハンガーを取りつけると、ストールなどがかけられます。

クローゼットを整理すれば
気の通りがよくなり、
運気アップにつながる。

**Q** クローゼットの中のにおいが気になる

**A** ある程度密閉された場所なら炭で脱臭するのが効果的

炭のパワーで消臭✦

防虫剤や防臭剤を置いても、なんとなくにおうクローゼットには、炭で消臭を。

木炭を容器に5〜6本入れてクローゼットの両隅に置きましょう。炭の吸着効果でいやなにおいを取ってくれます。半年に1度は炭を煮て日に干すと、半永久的に使えます。

**Q** バッグの中もいつのまにかゴミだらけになっちゃう

**A** バッグの中のよどみを取ると幸福の気が舞い込みます

新聞紙を広げて中身を全部出します。細かいゴミやほこりもかき出すように取りましょう。バッグが汚れていたら、合

成皮革は水気を固くしぼった布で水拭き、革製品はから拭きします。

必要なものだけをバッグに戻し、不要品は新聞紙に包んで捨ててください。風も入り、よどみが消え幸運が訪れます。

中身を出して掃除！

**Q** 飾り棚やラックはほこりがたまりやすく掃除も面倒

**A** 床用のお掃除シートで手軽に拭き掃除を

普段は、お掃除シートでほこりを取っておけばOKです。ただし、それだけだ

175

と細かい部分にほこりがたまってきます。2〜3カ月に一度は、ものを動かして拭き掃除をしましょう。木製家具はから拭きが基本です。

## Q 本棚の本が湿ってきた？

## A ほこり除去のついでに年2回は虫干しを

本は湿気もほこりも呼び寄せてしまうアイテム。春と秋は本棚から出してスッキリさせましょう。

本棚から取り出すときは、床用のお掃除シートをぞうきん代わりにして、本の上部のほこりを拭きながら。古い本は、読んだ人の想いが封じ込められているので、日光に当てて浄化させます。本棚に掃除機をかけ、お掃除シートで拭き掃除をして本を戻します。

年に2回は
虫干し！

**Q** 木製のタンスは拭き掃除ができないの？

**A** 基本はから拭きで。汚れにはお酢スプレーを

木製家具の基本的なお手入れはから拭きです。床用のお掃除シートや乾いたプチバスタオルでほこりを拭きます。汚れ部分は、お酢1と水4の割合のお酢スプレーをかけてから、から拭きをします。お酢スプレーは目立たないところで試してから使いましょう。

ただし、桜、桐、ナラ材の家具は水分は厳禁です。

木製の家具のお手入れには注意が必要。
特に桜、桐、ナラ材のものに水分はNG。

引出しの中がグチャグチャ、どう収納すればいい？

**A 仕切りを作って分類を**

グチャグチャの引出しは、金運ダウンのはじまり。まずは中身をすべて出して、引出しの中の細かいゴミを掃除機で吸い取り、固くしぼったプチバスタオルで拭きましょう。

取り出した中身は、こわれているもの、使わないものを処分。同じアイテムが複数ある場合は、よく使うものやお気に入りのものだけを残します。

分類する際は、空き箱を組み合わせた

１

引出しを空にして
キレイに しよう☆

引出しを空にしたら、掃除機でゴミを取り、
水気を固くしぼったプチバスタオルで拭き掃除を。

り市販の仕切り板を利用したりして、引出しの中を仕切ります。箱の素材は、自然素材のものがおすすめ。プラスチックやレザーよりも、木製や紙の箱のほうが神さまはくつろぐことができます。仕切りは余裕を残したほうがものの置き場所がわかりやすく、片づけもラクに。

箱の中が汚れたりほこりがたまったままになったりしないように、清潔を心がけましょう。また、使っていないものを放置しておくと神さまの居場所を奪ってしまいます。引出しも小さな家という意識で、「神さまが快適に過ごせるよう」に願いを込めて整えます。

**2**

引出しを仕切る

スッキリ

仕切りを作り分類収納。
ものの居場所を作ってあげよう。

179

# ベランダ・庭 （門まわり）

神さまをお迎えするには
外からの見た目も重要！

天照大神（あまてらすおおみかみ）

大年神（おおとしがみ）

守ってくれる神さまマップ

ベランダ

志那都比古神（しなつひこのかみ）

ベランダや庭を外からじっくりと他人の目で眺め、
不要なものをチェック。
ものを整頓させると
好印象の家になります。

**Q** 家の中はともかく、ベランダはつい後回しになってしまう

**A** 清浄な空気を取り入れるなら
ベランダもきれいな状態に

大きく開口できるベランダは、風が入りやすく、神さまの通り道（P206参照）も作りやすい場所です。外の空気を味わいながら、ほこりを一掃しましょう。

床は玄関ぼうきで、土ぼこりを掃きます。手すりはぬらしたプチバスタオルで拭き掃除をするだけで家の印象までよくなります。

余裕があれば、ベランダの床に水を振りかけて、デッキブラシで磨き掃除をしましょう。水を使うのが面倒に感じるなら、雨上がりのあと、床がぬれている間に行うのもおすすめです。

**Q** ガラス窓の土汚れがひどい

**A** 乾いた状態で土を落としてから、
新聞紙＋水で拭き掃除を

土汚れは、まず掃き落とすことが大切。汚れが乾燥している状態で、玄関ぼうきかスポンジを使って汚れを落とします。

次に、窓に水の霧吹きをかけ、乾いた新聞紙で拭き取ります。新聞紙は1ペー

ジを半分に切って丸めると、手で持ちやすく、掃除がしやすくなります。水と新聞紙のインクが混じり合うことで、窓を拭いているときに界面活性剤となり、ガラス面がきれいになります。

**1** ほうきやスポンジで
乾いた土を掃き落とす。

ピカ　ピカ

**2** 霧吹きで窓をぬらし、
新聞紙で拭き取る。新聞紙は、
1ページを半分にして丸める。

**Q** サッシは掃除機だと掃除しづらい！

**A** プチバスタオルとわりばしで溝掃除も簡単です

わりばしにぬれたプチバスタオルをかぶせて、鉛筆を持つような手つきで溝を拭きます。掃除機ではゴミやほこりが取りきれない細かいところまで、確実にきれいになります。

わりばし
＋
プチバスタオル

**Q** サッシのゴムの黒い汚れはもしかしてカビ？

**A** ゴムに発生しやすい黒カビはお酢スプレーで除去します

ゴム部分の黒ずみはカビです。お酢スプレーを吹きかけ、古歯ブラシでこすり落としましょう。黒ずみがひどいときは、クレンザーをかけ、同様に古歯ブラシでこすります。どちらも最後は、水拭きをします。

お酢
スプレー

お酢1：水4

**Q** 網戸はどんなふうに
掃除をすればいい？

**A** スポンジでほこりを
払うだけでもOK！

ほこりがたまった網戸は、ぬれぞうきんや霧吹きを使うと逆効果です。二層スポンジの堅い面を使って、横方向に動かし、上から下へとほこりを掃き落としていきます。乾いた状態で行いましょう。

**Q** ベランダに排水口がなくて
水を流せない！

**A** 新聞紙や古着を活用して
掃き掃除を

ベランダなどは水を流して掃除ができればいちばんですが、水が流せない場合は、新聞紙や古くなったTシャツを活用します。

好みの大きさにカットし、水にぬらして
てベランダの床にまきます。ほうきで掃
くと砂ぼこりなどの細かい汚れも、きれ
いに取り除けます。

**Q** ハトのフン害がひどい！

**A** ハトのフンは病原菌に注意！
**すぐに除去し消毒を**

ハトのフンにはさまざまな病原菌が潜ん
でいます。掃除の際にはマスクを着用し、
何より重要なのは、フンを周囲にまき散ら
さないこと。乾燥状態での掃き掃除は厳禁
です。

乾燥している場合は、霧吹きで湿らせて
から新聞紙やキッチンペーパーで取り除き、
水気をしぼったプチバスタオルで拭き取り
ます。汚れ物はすぐにビニール袋に入れ密
封します。仕上げに、水1リットルに塩
素系漂白剤キャップ1杯を混ぜたものを
霧吹きでまんべんなく吹きかけ消毒を。

**Q** 門まわりの掃除を
簡単にしたい！

**A** 雨が掃除どきを知らせる
**幸運のサインです**

門まわりの表札やポストはきれいにし

ておくことで神さまが家を見つけやすく
なり、すんなり入ることができます。

門まわりの掃除は雨上がりがいいチャ
ンス。雨でぬれているので、プチバスタ
オルで拭くだけできれいになります。

雨あがりがベスト

**Q** 庭掃除って
何をすればいいの？

**A** 雑草・落ち葉・ゴミの除去が
基本のお掃除です

庭掃除のポイントは、育てている植物
が育ちやすいようにすることです。雑草
を取り除き、
落ち葉やゴミ
を拾いましょ
う。仕上げに
掃き掃除をす
ればカンペキ
です。

ゴミ

# 神さまがやどる！お掃除カレンダー

「毎日のお掃除」は、小さなゴールを作ると必ずできるようになります。
まず1カ所を「きれい」にすると、「汚い」ところが目立ってきます。
「きれい」が増えると、居心地のよさを実感し、それをキープしたくなります。

## ☑ 毎日のお掃除、コレだけはしよう！

「ジメジメ」と「こびりつき」をなくせば、神さまがやどります。

### 風を通す

➡ 窓を開ける、部屋のドアを開ける

### 四隅のほこりを取る

➡ ペーパーモップや化学繊維の
　はたきを利用して

### 気づいたとき、余裕のあるとき

➡ シンクや洗面台の水滴をぬぐう、こぼしたら拭く、
　ゴミが落ちていたら拾って捨てる

## ☑ お掃除するときは「単位」ごとに！

部屋ごと、スペースごとの「単位」は、自由です。「今日は小さな単位で」「今日は大きな単位で」と、自分で決めることが大切です。トイレの床や洗面ボウル、シンクの中と、短時間でできるところから浴室全体というふうに、大きな単位を目標にしましょう。そして、汚れ・悪臭・ほこり・カビ・湿気の5大不浄（P76参照）を清めましょう。

# "きさいち流"
## お掃除曜日カレンダー

どこから始めればいいか迷ったら、曜日別のピンポイントお掃除を。
ひと月でおうちも心もピカピカです。

| | | |
|---|---|---|
| 月 | 玄関 | 月（ツキ）を呼ぶ、神さまの出入口。窓とドアを開け、朝のうちにゴミを掃き出します。下駄箱も拭き清めます。 |
| 火 | 火まわり | 火の神さまのやどるコンロやグリルをお掃除。こびりつきを取り、調理しやすいように、調理器具の手入れも。 |
| 水 | 水まわり | キッチン、お風呂、洗面所、トイレなど水のあるところを徹底掃除。「5大不浄」が発生しやすいので念入りに。ジメジメは厳禁。 |
| 木 | 柱、家具 | 木でできたタンス、ドア、机、柱などのほこりを払い、プチバスタオルなどで磨きます。棚や引出しの中の小物を整頓するのも吉。 |
| 金 | 金属 | 金運アップのために、ドアノブ、アクセサリーやカトラリーなど金属の神さまのやどるエリアをお掃除。食器類もおすすめ。 |
| 土・日 | 土、外まわり | 庭やベランダに落ちているゴミを拾い、雑草を抜き、窓を拭きます。外から家の中を見て、お客さまの目線で掃除し直してみましょう。 |

## 季節ごとにしたい掃除

| | | |
|---|---|---|
| **春** | **3・4・5月** | 期末や新年度には、不要品を処分。暖房器具もきれいにしてしまい、春へと模様替えします。 |
| **梅雨** | **6月** | 湿度が高くカビが発生。換気扇やエアコンの除湿機能も使ってジメジメ感を飛ばします。 |
| **夏** | **7・8月** | お盆の前までに、家具をどかし、ほこりを除去。梅雨の間にできた壁の黒カビも退治します。 |
| **秋** | **9・10・11月** | 秋晴れの日に布団や大切な衣類、季節ものを虫干しします。 |
| **冬** | **12・1・2月** | 暖房器具は使う前に、汚れや破損などを点検して。日が短いので、どんな掃除も午後3時までがリミット。 |

## 年神さまも大満足！大掃除大作戦！

一年でいちばん大切な掃除は、年神さまを迎える年末の掃除。
昔は新年に1つ年をとることから、自分自身を磨くために年末を過ごしました。
12月13日に行う「すす払い」から2週間は、家磨きを目指しましょう。

## ☑ 年神さまを迎える大掃除のポイント

### 普段しない所をする

たとえ毎日掃除していたとしても、人間は習慣の動物。四角い部屋を丸く掃くように、一度ついたクセはなかなか取れません。年に1度の大掃除は、いつもの行動を見直し、見逃していたところをきれいにするチャンスでもあります。思わぬところが汚れていてビックリ。

### 家族で一緒に

本来、クリスマスや正月は神聖な日として過ごします。家族がそろう年末は、みんなで家磨きのチャンスです。子どもには、「スポンジはしっかり握るときれいにこすれるよ」「窓がきれいになると向こう側がよく見えるよ」といった、具体的な説明をしましょう。

### 神さまをもてなすつもりで

お正月は家族だけで過ごす家も増えてきました。だからこそ、お客さまの目になって点検しましょう。悪臭はないかな？　玄関から客室、トイレの動線は汚れていないかな？　特に水まわりは重要です。汚れは、家や人を老けさせ、神さまも近よりません。

### 目安は「気持ちのよさ」

「大掃除はキリがなく大変そう」と思っている人は、外から家を見てみましょう。外がスッキリしてくると、さわやかな風が家中を巡ります。ほこりだらけの網戸では清らかな風は通りません。窓からの景色を「家の額縁」と思い、「気持ちいい」と感じる掃除を。

## 大掃除を乗り切る 14日間スケジュール

### 1日目　不要品の処分

point 1

ほこりやジメジメを一掃します。納戸や押入も開けて不要品を出し、**粗大ゴミの日に合わせて処分しましょう**。来年フリマアプリに出そう……などと未練を引きずると、ゴミが年を越してしまいます。

収納場所掃除 ▶ P166-179

### 2日目　食器棚

point 1

クリスマスやお正月のごちそうに備えて、**湯のみやカップの茶しぶを落としましょう**。グラスは麻の布で拭くとピカピカに。このとき食器棚も整理し、ヒビやカケの器を処分。**おはしには神さまがやどるので新品にするタイミングです。**

キッチン掃除 ▶ P122-141

# 3日目　下着整理

収納場所掃除 ▶ P166-179

新しい年は新品の下着で迎えるのが年神さまへのマナーです。準備をしつつ、古い下着は処分しましょう。はさみでざっと切ってから紙に包んで捨てます。ついでに、クローゼットやタンスの中も整頓をするといいでしょう。

# 4日目　天井・照明器具

照明器具は外し、から拭きします。天井はほこりを払います。ペーパーモップやほうきの先に古ストッキングをかぶせ、天井をなでるようにするといいでしょう。落ちたほこりは掃除機で吸います。お掃除は上から下へが基本。カーテンレールも一緒にどうぞ。

# 5日目 電化製品

point 2

**テレビ、冷蔵庫などの家電と
パソコンの汚れを一掃。** ほこ
りを払ってからメラミンスポン
ジで手あかを落とします。
コードとプラグのほこりもか
ら拭きを。パソコンや音響
デッキは専用クロスを使いま
す。

# 6日目 壁・ドア

point 2

家具をどかしてから、**お湯を
しぼったぞうきんで壁全体を
拭いたあと、から拭きを。** コ
ンセントやスイッチまわりの
手あかはメラミンスポンジで
落とします。ドアはのぞき窓
の枠まで拭きます。家族で分
担を。

## **7**日目　家具

point 2

ソファ、クローゼット、テーブルなどいつも使う家具を重点掃除。**家具の脚も、床と接する部分まできれいに拭きましょう。** から拭きか水拭きかは材質によるので、使い分けます。

## **8**日目　カーペットのシミ

point 2

普段は目をつむっているシミをチェック。おしゃれ着洗い用の洗剤を倍量の水で薄めて少しつけ、古布で叩いて汚れを浮かせます。その後、水拭きとから拭きを。**目立たないところで試してからがおすすめです。** シミ探しは、家族でやるとすぐ終わります。

シミさらばー！

おしゃれ着用

# 9日目 キッチン

神さまを迎えるには、ジメジメと焦げつきは厳禁。こびりつきは、泡湿布で。汚れをゆるませるのでラクに取り除けます。**プチバスタオルを用意し、惜しみなく使い捨てながら換気扇からシンクへ。**冷蔵庫内も、きれいにします。健康と家族の幸せが生まれます。

キッチン掃除 ▶ P122-141

# 10日目 洗面所・浴室

水まわりは、神さまを迎えるのに必須のエリア。乾いている状態を意識して拭きます。美しさのパワーアップには、特に**鏡と化粧品を集中的に。**汚れたパフや、折れたまま使っていない口紅、古いポーチは運が落ちるので処分しましょう。

洗面・脱衣所掃除 ▶ P154-165
浴室掃除 ▶ P142-153

# **11**日目 トイレ

トイレ掃除 ▶ P92-103

トイレットペーパーに重曹を包んで縁に詰め込みます。仕上げにお酢スプレーをかけ、1時間ほどしたら流します。それでも落ちない尿石などはサンドペーパーでこすります。最後に便器内に清めの塩をまき、よく手を洗いましょう。

# **12**日目 ベランダ・庭

ベランダ・庭掃除 ▶ P180-186

観葉植物の葉っぱのほこりは、霧吹きで水をかけながら化粧用コットンで拭きます。ウッドデッキなどはデッキブラシで掃除。天気予報をチェックし、晴天の日に決行を。ゴミを拾うだけでもOK。

# 13日目 窓・網戸・サッシ

ベランダ・庭掃除 ▶ P180-186

窓は開けると清らかな風を通してくれる神さまの道しるべ。大掃除では、**サッシの溝や網戸の縁など、細かい部分**もていねいに掃除を。普段はほこりを払うだけの網戸も、仕上げに拭き掃除をするとスッキリ。

# 14日目 玄関・掃除用具

玄関掃除 ▶ P80-91

門、玄関の表札、天井、靴箱の隅などをお掃除。仕上げははたき、ほうき、掃除機など**道具をきれいにします。**お清めもかねてお香を焚くか、塩を振って、お正月飾りを。

お疲れさまでした～

# 大掃除
# 書き込み計画表

大変だなと思う大掃除も、計画を立てて書くことで、気持ちが前向きになってきます。お掃除日の欄に掃除する日付を記入しましょう。連続した日付でなくてもいいですし、大掃除が必要ないエリアは無視してかまいません。お掃除メモには、掃除の内容や家族の役割分担、気づいたことなど自由に書き込んでください。

| | お掃除日 | お掃除エリア | お掃除メモ |
|---|---|---|---|
| 1日目 | ／　（　　） | 不要品の処分 | |
| 2日目 | ／　（　　） | 食器棚 | |
| 3日目 | ／　（　　） | 下着整理 | |
| 4日目 | ／　（　　） | 天井・照明器具 | |
| 5日目 | ／　（　　） | 電化製品 | |
| 6日目 | ／　（　　） | 壁・ドア | |

| | | | |
|---|---|---|---|
| 7日目 | ／ （ ） | 家具 | |
| 8日目 | ／ （ ） | カーペットの<br>シミ | |
| 9日目 | ／ （ ） | キッチン | |
| 10日目 | ／ （ ） | 洗面所・<br>浴室 | |
| 11日目 | ／ （ ） | トイレ | |
| 12日目 | ／ （ ） | ベランダ・庭 | |
| 13日目 | ／ （ ） | 窓・網戸・<br>サッシ | |
| 14日目 | ／ （ ） | 玄関・<br>掃除用具 | |

# 掃除は神さまのお祀りごと

神事にはさまざまな儀式があります。その目的の多くは、神さまをその場に招いて、お酒や食事でもてなし、人々の加護を願うというものです。

その儀式の前に必ず行われるのが「お祓い」や「お清め」です。その場を清浄にし、清らかな状態にすること、いわゆる掃除です。祓い清めることで、神さまをお呼びする準備ができたということになるのです。

掃除は、昔からとても宗教性の高い神聖な行為です。特にほうきは、ほうき神がやどり、疫病神や怨霊を祓い取り除いてくれるものとされ、ていねいに、大切に使われてきました。すでに、5世紀頃の古墳時代には登場し、祭祀の道具として用いられていたようです。ヨーロッパなどでも、ほうきは魔女の使う道具として呪術的な意味合いを持っていました。

今でも、神社やお寺などでは、掃除は大切な日課です。掃除をすることで、神仏を迎える準備をするというのは、個人の家の中だけに限ったことではないのです。

ちなみに、ほうき神は出産にまつわる神でもあり、新しいほうきで妊婦のおなかをなでて、安産を祈願する習わしがあります。ほうきを逆さにして立てると、霊がやどり、長居している客が帰るというおまじない道具としても活躍しています。

第3章

もっと人生が好転する！

# おうちパワースポット化計画

ピカ

ピカ

友人のいずみ

おじゃましまーす

どーぞー

あれ
なんか
ゆうの部屋
きれいに
なってない!?

ピカ
ピカ
ピカ

ちょっと
待ってね〜

ごめん
散らかってて〜

こそこそ

前は……

大丈夫…

前と
全然ちがう

へっ

これ
おみやげ

CAKE

でも本当に
きれいに
なったよ

どうしたの?
急に掃除
がんばっちゃって

それがね

……

ハハ

CAKE

202

実は日本のおうちには神さまがいるんだって

こないだテレビで家を守ってくれる神さまに感謝しながら掃除してお金持ちになったっていう人が出ててね

家の神さま?

テレビで見たときは神さまに感謝していつも掃除を心がけています

半信半疑だったけどさー

毎日掃除をするようになったらなんと!!

ジャーン

南銀商店街の福引きで商品券が当たったの!

1万円分 1万円

掃除して見つけた福引き券だったんだー

南銀の福引きで当たるなんてスゴイ!!

マジでー!

私ティッシュばっかだよ!

お金に関係ないけどのぶちーとのケンカも減ったし

汚くてイライラしたりもしなくなったよ

へーっ

204

# 神さまの通り道 風の法則を知ろう

おうちをパワースポットにするためにまず意識したいのが、神さまの通り道です。見た目はきれいな部屋でも、空気が動かない閉め切った部屋では、湿気やほこりの巣となってしまいます。神さまの開運パワーをより発揮してもらうためには、神さまが幸運を運びやすいよう、浄化された気持ちよい通り道を作ることが大切です。

神さまも、この通り道を通って外からやってくるのです。

## ○ 昔の家と今の家の違い

昔の日本家屋は障子を開けるたびにすきま風が吹き込み、畳か

らも冷気がはい上がってきて、冬の厳しさはひとしおでした。一方、夏は障子や扉を開け放つと、土間や庭からの風で、家のどこにいても涼むことができました。

海に囲まれて湿度の高い日本の家々は、障子や欄間（らんま）など開放部分が多く、湿気を逃がし、夏を快適に過ごせるように風通しよく工夫されていたのです。

しかし、現代の家は、サッシの窓やドアで仕切られていて、気密性が高いため、自然の風はあまり通ってくれません。そこで、朝起きたら、また、外出から帰ったら、ほんの1分でも、まず窓を開けて空気を入れ換えることをおすすめします。

空気の入れ換えには、風の入口と出口が必要です。窓は2カ所以上開けるようにしましょう。たとえば、玄関とベランダの窓、寝室とリビングの窓など。実際に窓を2カ所開けてみて、風が通

るか確認してみるとよいでしょう。各部屋に風が通るように、風
の入口と出口を作ります。ただ吹き抜けるだけでなく、部屋全体
をまわって抜けていくので、よどみを逃がし、空気の入れ換えが
できます。

## ● 風の通り道は神さまの通り道

　家の中に風の通り道を作るには、普段開けない窓も開けてみる、
換気扇を回してみるなどして空気の流れを感じてみます。そして、
風の通り道を作ったあなたは幸運です。なぜなら、それこそが気
の流れで、神さまの通り道だからです。立っているだけで、やわ
らかな風がほおをなでていくのを感じるでしょう。落ち込むこと
があっても、そこに座って深呼吸するだけで心が安らいでくるは
ずです。

## これが風の通り道

キッチンの
換気扇を回す。

リビングの入口と
窓を開ける。

浴室の
換気扇を回す。

洗面所の
換気扇を回す。

和室の入口と
窓を開ける。

玄関の戸を
開ける。

トイレの
換気扇を回す。

納戸や押入は、
戸をときどき開ける。

風の流れというのは、目に見えません。いつもよどんだ空気の中にいると、それに気づかないほどよどみに慣れてしまいます。

今日は、神さまが通っているかな？　と風の気配、気の流れを感じながら過ごせる人になりましょう。

屋外の場合、真夏の炎天下でも涼しげでいる人は、その人の体が風の通り道を覚えていて自然とその道を選んで歩いているからです。たとえ満員電車の中でも、風の動く場所があります。一方、冷房も扇風機もまったく届かない、よどんだスポットもあるのです。

もしも、風の気配がよくわからない……という場合は、神社やお寺に出かけてみることをおすすめします。特に鳥居や本堂へとまっすぐ延びる参道は、神さまの通り道そのもの。緑をなでていく風の清らかさを感じてください。世界遺産のひとつである中国

の紫禁城には三本の道があり、中央の皇帝の道は、真夏でも涼しい風が吹いているのだそうです。

## ○よどみをなくすプチ習慣

　風が通らない場所は、光も当たりにくい場所であることが多いもの。押入にしまいっぱなしの布団が湿って冷たいように、そこにはよどんだ空気がこもっていきます。

　キッチンや浴室の湯気は水蒸気となって高いところにいったん広がってから、暗くて湿った場所や部屋の隅などにたまって、カビやダニの発生源になっていきます。部屋と外に温度差があると窓に結露ができるので注意を。この湿気をほうっておくと、においの発生源にもなります。料理中や浴室での給湯時には必ず換気扇を回しましょう。

湿気は家を老けさせる第一の原因です。梅雨どきは、エアコンのドライ機能か除湿機で湿気を取り除きます。風の抜ける途中の道に扇風機を置くのも効果があります。窓が開けられないときは、換気扇を回すだけでもかまいません。

雨の日の洗濯物は、できるだけ乾燥機で乾かします。雨が吹き込まない日は、少し窓を開けて扇風機を回してもよいでしょう。

湿気予防には、水をこぼしたらすぐに拭く、といった小掃除の習慣も大切です。

また、風の通り道には、風の流れを遮るような家具類を置かないこと。神さまが通るのを感じるためには、人も歩ける動線を心がけましょう。花粉症やアレルギーのある人は、花粉が飛びやすいお昼から夕方までは避け、午前中に換気します。

パワースポット化
その2

# 急な来客もOK 神さまお片づけをマスター

「毎日のお掃除」をしていると、予定外のお客さまでもあせりません。普段から他人の目で家を見渡すクセをつけましょう。お客さまも外からよい気を運んできてくれます。見た目をよくする、お片づけポイントを覚えておきましょう。

## ● ポイント1◎ 避難させる

干しっぱなしの洗濯物や出しっぱなしの本、おもちゃなどはすべてお客さまをお通ししないところへ一時的に避難させます。押入やクローゼットの中に、すきまを作っておきましょう。

213

## ●ポイント2◎目隠しする

生活感ただよう乱雑な棚などは布をかけましょう。部屋の雰囲気と調和のとれた色の目隠し布を用意しておくと便利です。

## ●ポイント3◎見せる

お客さまの座る位置から見える部屋の風景が大事。壁のシミが見える位置などには座らせないこと。絵やポスター、観葉植物など、正面には「見せる」ものを。きれいなものを意識しましょう。

## ●ポイント4◎飾る

第一印象を決定づける玄関に、とっておきの鉢や置物を移動。靴などを片づけるのはもちろんですが、お香も焚いて玄関特有の

においを消しましょう。

## ○ポイント5◎一点集中

テーブルの上はまっさらにします。食べこぼしのついたクロスなども取り除き、水気をしぼったスポンジで拭きます。大きめの天板があると、そこがきれいで何もないだけで、家も住む人も引き締まって見えます。

5つのポイントは超特急でやれば10分もかかりません。付け焼刃だとバレても、自分を迎えるためにきれいにしてくれたという気配に、お客さまは喜んでくださるはずです。お菓子よりも何よりも、お掃除・お片づけはおもてなしになります。

最後に、自分をきれいにするのもお忘れなく。ジャージ姿のと

きにピンポーン、なんてことにならないよう着替えも準備。さっぱりした格好で、「嬉しくて、いつもより少し片づけました」とお迎えしてください。

# 神さまを祀る 年中行事を見直す

## ○ 福を呼ぶハレのしきたり

四季のはっきりしている日本では、二十四節気という季節の変わり目ごとにさまざまな行事がありました。

太陽の動きに合わせて1年を24等分し、それぞれに「大寒」などの呼び名をつけて、季節の移ろいを表した二十四節気は、「そろそろ寒くなる頃だから、大根を寒干ししてたくあんを漬けよう」「暑くなる前に着物を洗い張りしよう」というように、自然に暮らしの節目や道しるべとなっていたのです。

年中行事の中には、千年以上も昔、中国から渡ってきたものも

あります。日本では宮中をはじめ貴族や武家に伝えられていく中で、少しずつ姿を変えていきました。

また、農村社会の中では、豊作を願いさまざまな行事が行われてきました。これらのものが今日の日本のしきたりにつながっています。

天気頼みの農業は、自然と切っても切れない神事です。自給自足をしていた時代は天気が生死をも左右したため、身分の高い人もそうでない人も、太陽や風の神さま、水の神さまに祈り、心をこめてお供えやお祭りを準備しました。

普段から季節を感じ取れる暮らしをしていないと、神さまが人間を守っていてくださることを忘れてしまいます。目に見えない神さまは、人間が意識しないと「いない」ことと同じになってしまうのです。

毎日の小掃除が、神さまの場をつくる日常「ケ」の行いなら、季節ごとの行事は、神さまの喜ぶ「ハレ」の行いといえるでしょう。神さまを喜ばせる行いを大事にすることで、おうちの神さまが幸運を授けてくれます。

# 二十四節気

| 季節 | 節気 | 時期（頃） | 意味 |
|---|---|---|---|
| 春 | 立春 | 2月4日 | 春の気配が感じられる |
| | 雨水 | 2月19日 | 氷が溶けて水になり、雪も雨に変わる |
| | 啓蟄 | 3月5日 | 地中で冬ごもりしていた虫が地上に出てくる |
| | 春分 | 3月21日 | 春の彼岸の中日、昼夜の長さがほぼ同じになる |
| | 清明 | 4月5日 | 草木が生き生きとし、清らかに見える |
| | 穀雨 | 4月20日 | 穀物をうるおす春雨が降る |
| 夏 | 立夏 | 5月5日 | 夏の気配が感じられる |
| | 小満 | 5月21日 | 草木が生長し、天地に満ち始める |
| | 芒種 | 6月6日 | 稲や麦などの種まきを始める |
| | 夏至 | 6月21日 | 昼の長さがもっとも長くなる |
| | 小暑 | 7月7日 | 梅雨明けが近くなる |
| | 大暑 | 7月23日 | 夏の暑さがもっとも厳しくなる |
| 秋 | 立秋 | 8月7日 | 秋の気配が感じられる |
| | 処暑 | 8月23日 | 暑さがおさまる頃 |
| | 白露 | 9月8日 | 草木に露がやどる |
| | 秋分 | 9月23日 | 秋の彼岸の中日、昼夜の長さがほぼ同じになる |
| | 寒露 | 10月8日 | 秋が深まり草木に冷たい露がむすぶ |
| | 霜降 | 10月23日 | 山に霜が降りる |
| 冬 | 立冬 | 11月7日 | 冬の気配が感じられる |
| | 小雪 | 11月22日 | 冷え込みが厳しくなり山頂が雪になる |
| | 大雪 | 12月7日 | 平地にも霜が降り、山に雪がつもる |
| | 冬至 | 12月22日 | 夜の長さがもっとも長くなる |
| | 小寒 | 1月5日 | 寒の入りで、寒気がましてくる |
| | 大寒 | 1月20日 | もっとも寒さが厳しくなる |

# 神さまを感じられる行事

神さまを感じられる年中行事はさまざま。すべてを行う必要はありません。まずは、興味を持てるもの、楽しめるものから体験してみましょう。

## ○1月

正月にやってくる年神さまをお迎えし、おせち料理やお雑煮でおもてなしします。1日はお迎えする日なので、お掃除は厳禁です。

7日は、初春の七草を摘んだ七草粥で無病息災を祈り、1月15日の松の内まで正月飾りのもとで過ごします。鏡開きでは、年神

さまに供えた鏡もちを割り、おかきやお汁粉にして、神さまと同じものをいただきます。

## ○2月

節分（立春の前日）では、豆をまいて鬼を祓います。鬼とは、外からやってくる病気、天災、はたまた貧乏神や疫病神、事故などを象徴したものです。豆は、鬼を追い出すパワーのある食物と考えられています。豆を自分の年の数より一つ多く食べると、風邪をひかないと伝える地域もあります。

## ○3月

桃の節句で女の子の健やかな成長を祝います。もともとは、心身のけがれを人形に移して流し去る行事でした。ひし餅やひなあ

○ **4月**

られは、神さまへの供え物なので、一度ひな段か神棚に供えます。

昼と夜の時間がちょうど半分ずつになる春秋のお彼岸（3月・9月）は、太陽が極楽のある真西の方角に沈むので、あの世の霊を供養することが大切とされています。お墓参りに出かけましょう。

花見として桜を愛でるようになったのは平安時代からだといわれます。桜がきれいに咲いた年は豊作になると考えられていました。

一方で、桜が散ると悪霊や疫神も一緒に飛び散ると信じられ、それを防ぐために京都では「やすらい花」という

行事が行われます。鉦や太鼓をならし、踊りながら町をまわるお祭りです。

## ○5月

中国から来た「菖蒲で夏の厄病のお祓いをする行事」が端午の節句です。これが、菖蒲＝尚武（武を尊ぶ）となって、男の子の成長を祝う節句へと変わりました。清々しい香りの菖蒲は殺菌作用もあり、食中毒や風邪などの厄を祓ってくれます。

## ○6月・10月

宮中儀式だった衣替え。もともとは、陰暦の4月と10月に行われていました。多湿の夏や、乾燥の冬に向けてタンスの中を整理し、厄を追い出します。6月はカビやダニの繁殖期、10月や11月

はダニのフンや死骸が出る時期です。

## ◯ 7月・8月

医学の発達していなかった頃は、瘴気（しょうき）（悪い気）の上がってくる夏は、人が亡くなりやすく、災害もたびたび起こりました。そうした厄を祓おうと、疫神たちを送り出す行事が生まれました。お盆は祖先の霊を迎えるだけでなく、そうした疫神を送り出す意味をもっていたのです。

花火大会も、もとは霊を送り出

す。「送り火」。迎えるときも送るときも、火で清めるのです。

## ○9月・10月

陰陽道では奇数が陽とされ、おめでたいと考えられています。その陽の数で、もっとも大きいのが9。9がふたつ重なった「重陽の節句」が9月9日です。めでたい日とされ、無病息災と長寿を願って菊酒をくみかわします。秋分の前後ひと月の間に、中秋の名月（旧暦8月15日）があります。月を神として崇め、実りを感謝するものです。

## ○12月

日の入りがもっとも早くなる頃が「冬至」です。一年でいちばん太陽の力が弱まるため、神さまや人間の霊力も弱まると考えら

れていました。そこで、かぼちゃ
やあずき粥を食べたり、ゆず湯に
入ってみそぎをします。かぼちゃは
「南瓜（なんきん）」ともいいますが、冬至の日
に「ん」のつくものを食べると運
気が上がったり、風邪をひかない
といういい伝えもあります。

　この頃から31日にかけては、年
越しの準備をします。すす払いは、
単に掃除のことではなく、お清め
の儀式であり、年神さまを迎える
神聖な準備です。

# 神さまのおうち 神棚を作ろう

## ○ いつでもお参りできるおうちの神社

神道と仏教を合わせて信仰していた日本では、仏壇と神棚の両方がある家が少なくありません。

血のつながった先祖の位牌などを祀っているのが仏壇。仏教の本場であるインドやチベットでは、祖霊を家で祀るという発想がないため、仏壇は日本ならではのものです。

人は亡くなると仏になるといわれますが、法事などの供養が重ねられて一定の年数が経つと、弔い上げがされて個性を失った「祖霊」になります。これが日本人の伝統的な神さまの観念ですが、

それ以外にも地域には、それぞれに氏神さま（産土神）がいます。

そうした氏神さまのお札や自分の参拝した神社のお札をお祀りしておく場所が神棚です。

神社にお参りをするとき鈴を鳴らして、「神さま、聞いてください」と呼びますね。つまり、神棚はおうちにある小さな神社なのです。

## ○祀るお札は3種類

宗派のしきたりに従わなければならないことが多い仏壇に比べると、神棚は誰でもしつらえることができます。メインのお社（やしろ）からお供えの器まで神具店にそろっていますし、大きな神社やホームセンター、インターネットでも取り扱っています。

材質により価格差がありますが、お手ごろ価格だと神さまが住

めないということはありません。自分で考えた神棚でもよいのです。大切なのは、きちんとお祀りでき、毎日お世話することです。

神棚は、太陽の昇る東または南を向いているのがよいとされていますが、無理ならばほかの方角でも大丈夫。人間の目線より高い、明るく清潔なところであれば十分です。人が集まるリビングなどがおすすめです。

設置するときは人間界との区別をつけるため、注連縄（しめなわ）を張ります。正面に神鏡かお札、左右に榊（さかき）の葉とお神酒（みき）を入れる瓶子（へいし）を立てます。これらがすべてセットになったものもあります。

前面の扉を開け、左ページのように3種類のお札をお祀りします。お札はよく行く神社や、初詣の神社などで拝受します。

# お札の祀り方

中央……天照大神。家を守る母のような神さまのお札
向かって右……氏神。地元、地域の神社のお札
向かって左……その他の崇拝する神社のお札

## ○ 毎日のお供えと、ハレの日のお供え

神棚には、炊きたて、または洗ったお米、お酒、お水、榊そして お清めの塩を供えるのが基本です。米と塩は縁起のいい山型に 盛り、水を水器に入れ、毎朝取り替えます。月の1日と15日には、 榊とお酒を取り替えます。成功している会社の神棚には、いつも みずみずしい榊が生けられているといいます。

特別なものとしては、その季節の初物や、めずらしいお菓子を いただいたときにもぜひお供えを。試験に合格するなど嬉しいこ とがあったときも、合格通知など、形のあるものを奉って報告す るといいでしょう。年末年始には新しいお札をいただいて、破魔 矢などの縁起ものと合わせてお祀りします。古くなったお札や縁 起ものは、神社に納めてお焚き上げをしてもらいましょう。

お供えした食べ物は、下げていただきます。神さまのお下がりをいただくと、パワーがつきます。

## ○ 清らかな場所なら神棚でなくても大丈夫！

神棚を設ける場所がないという場合は、自分のできる範囲でお祀りしましょう。

家の中のトイレやお風呂から離れた一角をお掃除で清め、白い布か半紙を敷きます。位置が高くなるよう、タンスなどの上がおすすめです。お札を置き、水をお供えすれば、そこが神さまの「結界」です。破魔矢などの縁起ものもお祀りしましょう。もちろん、本物の神棚と同じく、毎日水を取り替えて、きれいに拭き清めます。

はじめは半紙一枚だけの神棚だったものが、毎日敬ううちに家

運が回りだし、大きな家に引っ越せた……というケースもあります。神さまが導いたのかもしれません。

## ○神棚のお掃除で運が微笑む

神棚や清らかな場所は、高いところだけにほこりがつきやすいもの。掃除はまめにしましょう。

神棚を設置したら、ほこりは寄せつけないようにします。神聖な場所を意識しましょう。細かなところをていねいにお掃除すると、全体がスッキリします。さらに布などで拭き清めると、神棚全体が美しく輝きます。

この「美しい」を超えるお掃除は「きよら」といい、結界が張られているような清らかさが生まれます。そこは、まさにおうちの神社です。

# 家を守る神さまの護符を飾ろう

## ◯ 護符は神さまの言葉

神社に参拝したら護符を求めましょう。護符は神仏の像や名、呪文などがきれいな紙や木札に書かれたものです。文字が神の言葉だと信じられていた、古代中国がその発祥です。

護符にはいろいろな種類があります。各神社の御祭神や寺院の御本尊の名や像が書かれたもの。また、「諸願成就」「交通安全」など、お願いそのものが書かれているもの。神棚に置くお札のほか、携帯できる肌符、門柱や壁に貼りつける門符、枕や布団に敷く敷符などがあり、神棚がなくてもつけられます。

シールやステッカータイプは、目線より高い位置に貼ります。お守り型なら、土鈴などの鈴がついていると、音が厄除けになってパワーアップします。

また、護符は自分で作ることもできます。言葉には言霊がやどるので、その言葉を自分で書いて力をもらいましょう。護符を貼るときには、画びょうなど刺すものは避け、のりや両面テープを使います。

いずれも効き目は約1年。家族の身代わりとなって厄をつけてくれたので、1年後に神社やお寺へお返しし、かがり火でお焚き上げしてもらいます。または、清めの塩ひとつまみと一緒に白紙に包み、処分します。

# 自分で作る護符

護符は半紙などの和紙に
墨で文字を書きましょう。

## 笑門来福
（しょうもんらいふく）

【ご利益】家内安全・平穏
「笑う門には福来る」という意味の言葉です。玄関
など家の入口に貼り、家内安全・平穏を祈ります。

# 蘇民将来子孫家門

**【ご利益】家内安全・無病息災**

牛頭天王は旅の途中で宿を借りようとしましたが、裕福な巨旦将来はこれを断りました。しかたなく巨旦の兄の貧しい蘇民将来のもとへ行ってみると、蘇民はあたたかくもてなしてくれました。後に牛頭天王は巨旦一族を滅ぼしましたが、蘇民の家族には厄除けの護符を渡して助けました。末代までも難を逃れるという意味です。

京都の有名な祇園祭は、この牛頭天王の怒りをおさめるための祭り。関西では、家内安全や無病息災のお守りとして門口に吊るされたり、鴨居に飾られたりしています。

## 立春大吉

**【ご利益】夫婦円満・無病息災**

縁起のいい左右対称の形の言葉で、禅宗によく見られる護符です。立春の早朝に墨で書き、玄関や柱に一年間貼って、夫婦円満・無病息災などの厄除けにします。

## 一陽来復

**【ご利益】商売繁盛・金運アップ**

一陽来復とは、太陽が復活するという意味で、悪いことが続いたあと物事がよい方に向かうこと。玄関の内側に貼るときには、その年の恵方に向けて貼る場合もあります。神社などでは冬至から立春までの間に配ることが多いようです。

# いろいろな護符と飾り方

護符の飾り方や所持の方法には厳密な決まりがありません。地域ごとのしきたりなどがある場合もあるので、授与してもらった神社やお寺などに確認するといいでしょう。ここでは一般的な護符の飾り方を紹介します。

## 🌀 破魔矢（福矢）

「魔を破る」という正月の縁起ものです。北東など鬼門とされる方角に矢の先が向くとよいとされ、神棚や玄関に納めます。

# 神仏の護符

家全体の守り神なので、神棚があればそこに置きます。
なければ玄関か家のもっとも清浄な場所に飾ります。

# 鬼の護符

鬼の姿で厄を追い払った元三大師を描いた護符。
戸口に向かって左に角大師、右に豆大師を貼るとも
いい、空き巣と病難よけになるとされています。

玄関の外に貼るのが難しい
場合は、玄関を入った最初の
ドアの左右でもかまいません。

# 🌀その他の護符

**【三宝荒神（かまど神）】**

火伏せ、火難よけ。厄よけ。台所の壁か給湯器など、
火（ガス）の近くに貼ります。

**【諸願成就】**

合格祈願など勉強に関する護符は机などに貼ります。
交通安全の護符はカーアクセサリーにするなど
関連するものの近くに置きます。

**【干支の護符】**

生まれ年の干支の護符は、その人に開運を授けてくれます。
財布に入れる、携帯電話のストラップにするなど、
肌身離さず持ち歩ける肌符にすると安心です。

244

# あなたの近くにもいる
# 地域の神さまリスト
## 〜全国の主要神さまとパワースポット〜

| 名称 | 所在地 | ゆかりの神仏 | ひと口ガイド | 交通機関 |
|---|---|---|---|---|
| 浅間神社 | 全国各地 | 木花咲耶姫命<br>ほか | 日本一の霊峰、富士山を神格化した神社で全国にお社は約1300。富士山の麓に総本宮が建つ。縁結びと子宝にご利益がある。 | 総本宮へは身延線・富士宮駅から徒歩10分 |
| 出雲大社 | 島根県出雲市 | 大国主命 | 国産みの神さまをいただき、恋愛成就に効く。近くの玉造温泉は「神の湯」と呼ばれる癒しスポット。旧暦10月に神在祭あり。 | 一畑電車・出雲大社前駅から徒歩7分 |
| 高野山 | 和歌山県 | 阿閦如来、弘法大師 | 曼荼羅で有名な密教の聖地。120もの寺院が建ち並び、空海はじめ密教僧たちのパワーが千年の時を越えて伝わる。 | 南海高野線・極楽橋駅から高野山ケーブルなど |

| 名称 | 所在地 | ゆかりの神仏 | ひと口ガイド | 交通機関 |
|---|---|---|---|---|
| **伊勢神宮** | 三重県<br>伊勢市 | 天照大神<br>（P59参照） | 日本の総氏神さまが祀られた日本人のルーツ。お手水で手を洗うだけでもパワーがやどる。社殿の森にも神気がみなぎる。 | JRまたは近鉄・伊勢市駅から徒歩5分 |
| **氣多大社** | 石川県<br>羽咋市 | 大国主神 | 祭神の大国主神が試練を乗り越え須勢理毘売と結ばれたことから縁結びの神社として有名。原生林「入らずの森」から神聖な「氣」がただよう。 | JR七尾線・羽咋駅からバス |
| **四国八十八霊場** | 高知・愛媛・香川・徳島 | 弘法大師ほか | 四国に88ある寺を巡礼すると、弘法大師の功徳で願いがかなう。道のりは「お遍路」と呼ばれ、今も老若男女が巡る。 | 四国の主要都市から日帰り可能 |
| **厳島神社** | 広島県<br>廿日市市 | 宗像三女神 | 推古天皇の御世の593年に創建したとされる、世界屈指の海上社殿。女性とつながりが深く、美や優しさを授けてくれる。 | 山陽本線宮島口からフェリーで約10分 |

247

| 名称 | 所在地 | ゆかりの神仏 | ひと口ガイド | 交通機関 |
|---|---|---|---|---|
| 高千穂神社 | 宮崎県西臼杵郡 | 高千穂皇神ほか | 『古事記』に記された、天孫降臨の舞台。天照大神の孫、瓊々杵尊が稲を持っておりてきたとされる。 | JR熊本駅・博多駅などから直行バス |
| 屋久島 | 鹿児島県熊毛郡 | 自然神 | アニメ『もののけ姫』のモデルとなった島。縄文時代の森が残された島そのものがユネスコの世界遺産になっている。 | 鹿児島港からフェリーほか。空路もあり |
| 吉野山金峯山寺 | 奈良県吉野郡 | 蔵王権現 | 役小角が開いた霊山。紀伊半島の霊場として世界遺産に登録されている。古来より桜の名所としても有名。 | 近鉄・吉野駅からロープウェイ |
| 法隆寺 | 奈良県生駒郡 | 薬師如来 | 聖徳太子が帝の病の治癒を仏に願って建立したという、最古の仏教寺院。飛鳥時代に渡来した重要文化財の宝庫でもある。 | JR法隆寺駅より徒歩20分 |

| 名称 | 所在地 | ゆかりの神仏 | ひと口ガイド | 交通機関 |
|---|---|---|---|---|
| **愛宕山** | 京都府 京都市 | 愛宕権現 | 京に地震が起こると山が鳴動して知らせたという霊験あらたかな山。火伏せ（防災）の山として知られ『源氏物語』にも登場。 | JRまたは近鉄・京都駅、阪急・嵐山駅からバスなど |
| **八坂神社** | 京都府 京都市 | 素戔嗚尊ほか | 天照大神と素戔嗚尊から生まれた三女神を祀り、飲むと美しくなる霊水が湧き出る。夏の祇園祭が有名で夏祭り発祥の場所。 | JR京都駅からバスなど |
| **浦嶋神社** | 京都府 与謝郡 | 浦嶋子（浦島太郎） | 舟が海に浮かんだ1階から漁に出られる船宿の町。平安時代建立の神社は浦島太郎伝説に基づくもの。海難よけにご利益。 | 宮津線・天橋立駅からバス |
| **住吉大社** | 大阪府 大阪市 | 底筒男命ほか | 伊邪那岐命がみそぎを行った際に誕生した、底筒男命、中筒男命、表筒男命を祀る。本殿は神社建築史上最古の様式で、国宝に指定されている。 | 南海本線・住吉大社駅から徒歩3分。 |

| 名称 | 所在地 | ゆかりの神仏 | ひと口ガイド | 交通機関 |
|---|---|---|---|---|
| 善光寺 | 長野県<br>長野市 | 一光三尊阿弥<br>陀如来<br><small>いっこうさんぞんあみだにょらい</small> | インドから百済、日本へと伝来した仏教の象徴。江戸幕府に庇護されて発展した寺社は壮大。ご利益は厄除、安全、平和ほか。 | JR長野駅からバス |
| 氷川神社 | 関東各地 | 産土神、<br>自然神<br><small>うぶすながみ、しぜんしん</small> | 荒川流域に水難よけの社として紀元前に創建。約200社の総本社は埼玉県の大宮氷川神社。横浜港の氷川丸も氷川神社由来。 | 総本社へはJR大宮駅から徒歩20分 |
| 稲荷神社 | 全国各地 | 稲荷神<br><small>いなりしん</small> | 赤い鳥居と狐がシンボル。食物、農業、殖産興業、商売を司り、家を繁栄させる。総本社は京都の伏見稲荷大社。 | 伏見稲荷大社へは京阪本線・伏見稲荷駅から徒歩5分 |
| 秩父<br>観音霊場 | 埼玉県<br>秩父市など | 観音菩薩<br><small>かんのんぼさつ</small> | 34か所の観音霊場を巡ると、現世で犯した罪がぬぐわれる。寺の間にはのどかな里山が広がり、昔から庶民の信仰の場。 | 西武線秩父駅前に観光案内所あり |

| 名称 | 所在地 | ゆかりの神仏 | ひと口ガイド | 交通機関 |
|---|---|---|---|---|
| **出羽三山** | 山形県 鶴岡市 | 稲倉魂命、<br>月読命、<br>大山祇命ほか | 羽黒山、月山、湯殿山の総称。精霊の集まる山として信仰されてきた。各山頂に神社があり、山内には数多くの社が散在する。 | JR鶴岡駅からバス |
| **恐山** | 青森県 むつ市 | 地蔵菩薩 | 日本三大霊場の1つ。862年に円仁によって開山され、菩提寺が創建された。例祭ではイタコの口寄せが行われる。 | JR大湊線・下北駅からバス |
| **二風谷** | 北海道 沙流郡 平取町 | 自然神 | アイヌの聖地。博物館では、神々とともに生きるアイヌの生活を知ることができる。平取町にはアイヌに崇拝されていたという義経を祀る義経神社もある。 | JR札幌駅からバス |
| **御嶽** | 沖縄諸島 | 琉球の神々 | 本州とは違う信仰体系が残る。巫女が神と交信した森や岩場が保たれている。入ることが禁じられている場所も多いので注意。 | 集落地からやや離れたところにあることが多い |

ゆかりの神仏の表記は、祀られている神社や寺で公表しているもので、本書内での表記と異なることがあります。

# 神さま索引

神仏名については、異なる表記、読み方をする場合があります。

**きさいち登志子**（きさいち・としこ）

東京都出身。生活コーディネーター。家事が苦手な人向けの、八百万の神さまを味方にする、楽しくわかりやすいお掃除術が人気。『なんで私の部屋、いつも知らぬ間にゴチャゴチャなの！？』（すばる舎）『神さまがやどるお掃除日めくり』（PHP研究所）をはじめ、著書・監修書多数。料理雑誌『四季の味』編集長として発揮した、全国の美味しい料理の発掘経験や器のコーディネート術を活かし、子どもが喜ぶ家庭料理のスペシャリストとしても活躍中。本書では、神さまに関わるお掃除・整理整頓法を担当。

**久保田裕道**（くぼた・ひろみち）

千葉県生まれ。國學院大學大学院博士課程後期文学研究科修了。博士（文学）。現職は独立行政法人国立文化財機構東京文化財研究所無形民俗文化財研究室長。一般社団法人儀礼文化学会理事なども務める。著書に『日本の祭り解剖図鑑』（エクスナレッジ）、共著に『心をそだてる子ども歳時記12か月』（講談社）などがある。本書では神仏・神事についての監修を担当。

※本書は、小社刊『汚い部屋がみるみる片づく！ 神さまがやどるお掃除の本』（2013年発行）に加筆、修正を行なって再編集し、改題したものです。

| | |
|---|---|
| マンガ・イラスト | すぎうらゆう |
| デザイン | 東京100ミリバールスタジオ（松田 剛） |
| 校正 | 聚珍社、くすのき舎 |
| 執筆協力 | 柴崎あづさ |
| 編集協力 | 倉本由美（ブライズヘッド）、フロンテア |

## 神さまを味方につける！
## すごいお掃除

2023年10月10日　第1刷発行
2024年 1月10日　第2刷発行

| | |
|---|---|
| 監修者 | きさいち登志子 |
| | 久保田裕道 |
| 発行者 | 永岡純一 |
| 発行所 | 株式会社永岡書店 |
| | 〒176-8518　東京都練馬区豊玉上1-7-14 |
| | 電話　03（3992）5155（代表） |
| | 　　　03（3992）7191（編集） |
| DTP | 編集室クルー |
| 印刷 | 精文堂印刷 |
| 製本 | コモンズデザイン・ネットワーク |

ISBN　978-4-522-44086-5 C0176